Klick. Wie moderne Medien uns klüger machen

D1870164

David Pfeifer, Jahrgang 1970, war Chefredakteur des Medienmagazins *Konrad* und Ressortleiter für Unterhaltung und Medien beim *stern*. Heute lebt und arbeitet er in Berlin und Hamburg als Verlagsberater und als Autor für das *SZ-Magazin, NEON* und andere. Bei Campus erschien von ihm die Biografie *Max Schmeling*.

David Pfeifer

Klick. Wie moderne Medien uns klüger machen

Campus Verlag
Frankfurt/New York

Bibliografische Information der Deutschen Nationalbliothek.
Die Deutsche Nationalbibliothek verzeichnet diese Publikation in der Deutschen Nationalbibliografie. Detaillierte bibliografische Daten sind im Internet über http://dnb.d-nb.de abrufbar.
ISBN 978-3-593-38161-9

Das Werk einschließlich aller seiner Teile ist urheberrechtlich geschützt. Jede Verwertung ist ohne Zustimmung des Verlags unzulässig. Das gilt insbesondere für Vervielfältigungen, Übersetzungen, Mikroverfilmungen und die Einspeicherung und Verarbeitung in elektronischen Systemen.
Copyright © 2007 Campus Verlag GmbH, Frankfurt am Main
Umschlaggestaltung: Heilmann, Hißmann, Hamburg
Umschlagmotiv: © Mauritius Bilderdienst
Satz: Campus Verlag GmbH, Frankfurt am Main
Druck und Bindung: Druck Partner Rübelmann GmbH, Hemsbach
Gedruckt auf säurefreiem und chlorfrei gebleichtem Papier.
Printed in Germany

Besuchen Sie uns im Internet: www.campus.de

Für Joseph und Anton Gabor

Die Erfahrung ist wie eine Laterne im Rücken;
Sie beleuchtet stets nur das Stück Weg,
Das wir bereits hinter uns haben.

Konfuzius

In den nächsten fünfzig Jahren
wird kein Mensch fliegen.

Wilbur Wright, 1901,
Zwei Jahre vor dem Erstflug seines
»Flyer I«

Well we know where were goin'
But we don't know where we've been
And we know what we're knowin'
But we can't say what we've seen
And we're not little children
And we know what we want
And the future is certain
Give us time to work it out

Talking Heads,
»Road to Nowhere«

Inhalt

Kapitel 1

Medienbildung ist Allgemeinbildung geworden

Wenn man die Zukunft eine Weile nicht im Blick behält, kann es gut sein, dass sie einem in den Hintern kneift. Plötzlich ist sie da, in Gestalt eines Ticketautomaten, an dem man sich selbst einen Sitzplatz suchen und die Bordkarte ausstellen soll. Als Pulsuhr, die man sich beim Joggen umschnallt und die einen kleinen Computer enthält, der die Leistungswerte der vergangenen Monate abgespeichert hat. Vielleicht nimmt man zum Laufen einen MP3-Player mit, der kaum noch größer und schwerer ist als ein Schlüsselanhänger. Neuwagenbesitzer gewöhnen sich daran, keine Stadtpläne mehr zu lesen und – für Männer ganz wichtig – nicht nach dem Weg fragen zu müssen, weil die Bordnavigation das für sie erledigt. Vielleicht haben auch Sie schon mal im Internet eine Wohnung gesucht oder sogar einen Partner. Vielleicht haben Sie schon mal die Nachrichten online gelesen, weil Sie die *Tagesschau* verpasst haben. Ich gehe kaum noch an mein Handy, wenn der Anrufer keine Rufnummernerkennung hat, weil es immer die unangenehmen Anrufer sind, die sich vorher nicht zu erkennen geben (bis auf meinen Freund Philipp, dessen Arbeitgeber die ganze Telefonanlage so eingestellt hat, dass man die Nummern nicht erkennen kann). Mein Fernseher programmiert sich automatisch, und sogar meine Waschmaschine spielt eine kleine Melodie, wenn die Wäsche fertig ist. Oft genug bedient man einen Computer und bemerkt gar nicht, dass es einer ist, wenn man zum Beispiel die Zugauskunft anruft, oder sich ein Ticket in der U-Bahn holt. Die Zukunft ist also da, wenn man nur genau hinguckt.

Wir »downloaden«, »simsen«, »mailen«, »zappen« und »wappen« – alles Tätigkeiten, die so neu sind, dass wir erst vor kurzem Begriffe für sie gefunden haben. In der 24. Auflage des *Duden* wurde neben vielen anderen der Begriff »Blog« aufgenommen, für eine »tagebuchartig geführte, öffentlich zugängliche Webseite zu einem bestimmten Thema«, auch die Artikelfrage wird geklärt – man kann »das« oder auch »der« Blog sagen. Das Telefonieren übers Internet, welches Techniker »Voice Over Internet Protocol«, kurz »voip« nennen, in vielen Artikeln etwas ungelenk als »Internettelefonie« bezeichnet, wird laut *Duden* nun »voipen« genannt, wie in der Formulierung »Ich habe gestern mit Dir gevoipt«. Sie wussten nicht, was voipen ist, bevor Sie den vorangegangenen Satz gelesen haben? Keine Angst, dann sind sie nur ein paar Zeilen nach mir dran, ich habe es erst gelernt, als ich sie geschrieben habe.

Wir erkennen die Zukunft auch schon deswegen so schlecht, weil sie immer schneller zur Gegenwart wird. Was vor zwanzig Jahren noch als hypermodern galt, ist heute schon antiquarisch. Koffergroße Handys, ödebeige Computer, Videokassetten – nichts wirkt so alt wie das Neue von gestern. Es lohnt sich also immer, ein bisschen abzuwarten, bis Neuigkeiten alt geworden sind, es braucht ja nicht allzu lange. Was nach zwei Jahren von den sogenannten »Early Adoptern«, denen, die zwanghaft das Neueste haben wollen, als kalter Kaffee bezeichnet wird, hat sich meistens in der Gesellschaft festgesetzt und kann getrost in den Kanon der Technikkultur aufgenommen werden.

In den vergangenen zwanzig Jahren hat sich einiges etabliert, das bleiben wird. Kommunikation überall und jederzeit, E-Mail als Schriftverkehrsmedium, der Computer als Zentrale des Lebens – das ist dauerhaft. Die gravierenden Veränderungen in der Gesellschaft, die diese Entwicklung mit sich bringt, beginnen wir jetzt erst abzusehen, wo sich einiges normalisiert, Alltag geworden ist. Was werden die Lehrer den Kindern in Zukunft in der Schule beibringen müssen, was der Computer ihnen nicht vermitteln kann? Und was sollten die Kinder wiederum wissen, um diesen Computer begreifen und richtige von falschen Informationen trennen zu können? Welche Art von Medienbildung brauchen wir, um unseren Arbeitsalltag und unsere Freizeit meistern zu können? Wenn ich mich darauf konzentriere, wo überall kleine Computer am Werk sind, vom Handy bis zum Radiowecker, wird klar, wie dringend ich den Umgang damit lernen muss. An der vordersten Front der Technologisierung haben sich die Angestellten bereits daran gewöhnt, mit Kollegen in allen Teilen der Welt zusammenzuarbeiten, ohne sie je leibhaftig zu Gesicht zu bekommen. Hört sich das gruselig an? Ja, manchmal ist es das auch. Und gleichzeitig erweitert es die Möglichkeiten ungemein. Auch privat: Wer kein Handy und keine Mailadresse hat, ist schlecht zu erreichen für all jene, denen das selbstverständliche Kommunikationswege geworden sind. Und das ist inzwischen die Mehrheit der Menschen in der westlichen Hemisphäre. Wir können die Welt auf diese Weise zwar nicht umarmen, aber mehr von ihr kennen lernen.

Während ich dieses Buch schreibe, bin ich Mitte dreißig (okay, schon einen Hauch über die Mitte). Und auch mein Berufsbild hat sich vollkommen gewandelt, nicht nur einmal. Ich habe mit neunzehn eine Ausbildung zum Verlagskaufmann begonnen, meine Mutter war der Meinung, ich sollte noch was Vernünftiges lernen, bevor ich Schreiber werden würde – sie ist selbst Journalistin, sie darf das so sehen. Seit meiner Lehre sind gerade mal sechzehn Jahre vergangen. Damals wurden Texte noch von Setzern gesetzt, die Satzfahnen in die Redaktionen geschickt, zu Layouts zusammengeklebt, mit den Bildabzügen, die aus der Lithografie kamen. Es roch nach Klebstoff, genau genommen nach »Fixogumm«, meinem Lieblingskleber, der sich wieder ablösen ließ, wenn die Grafiker etwas umkleben wollten, und auf dessen Lösungsmittelgeruch ich heute reagiere, als hätte ich Heimweh. Neben der Redaktion waren eine Setzerei und eine Lithografie damit beschäftigt, die Texte und die Bilder so zu reproduzieren, dass sie druckbar waren. Beide Berufsbilder, sowohl der Setzer wie auch der Lithograf, sind mittlerweile fast völlig verschwunden, ihre Arbeit kann ein Computer mit Zusatzgeräten leisten, der im Handel nicht mehr als 1 500 Euro kosten muss. Und jeder kann ihre Tätigkeit ausführen, ohne eine Fachausbildung machen zu müssen, man muss dazu nur lernen, mit dem Computer umzugehen.

Wer sich nicht rechtzeitig auf diese Entwicklung eingelassen hat, bekam Probleme, einen Arbeitsplatz in der Zeitungs- und Zeitschriftenproduktion zu finden oder zu behalten. Das war hart und überhaupt kein Spaß, auch wenn man sich gut auf die neuen Arbeitsmethoden einstellen konnte. Denn die Kollegen, die es nicht konnten, waren keineswegs dumm oder unbegabt, manchmal nur unwillig, oder sie fühlten sich zu alt, um etwas Neues zu lernen. Wer aber umlernte, stellte bald fest, dass es ungleich einfacher geworden war, eine Zeitung oder Zeitschrift herzustellen.

Ich begann meine Ausbildung in der Buchhaltung. Der Verlag war klein, etwa 35 Mitarbeiter insgesamt, inklusive Redakteuren, Grafik, Vertriebs- und Anzeigenabteilung. Und in der Buchhaltung arbeitete im Wesentlichen ein Buchhalter, eine Assistentin und der jeweilige Azubi, also ich.

Im Zimmer des Buchhalters sah es aus, als wollte jemand ein Level aus einem Computerspiel in der Realität nachbilden und hätte deswegen aus Kontenblättern, Rechnungsordnern und Büchern einen Parcours erbaut, den ich erst mal durch geschicktes Ausweichen und Springen bewältigen musste, um zu dem Buchhalter vordringen zu können. In seinem Zimmer schien sogar die Luft anders zu sein, erfüllt von Zahlen und Papierstapeln. Kein Mensch außer ihm selbst wäre da jemals durchgestiegen, aber wenn ich ihn nach einem ganz bestimmten Beleg zu einem Anlass befragte, der etwa dreieinhalb Jahre zurücklag, drehte er eine Runde in seinem Büro, griff irgendwann in einen Papierstapel und zog den richtigen Zettel hervor.

Der Buchhalter war jene Art schrulliger Zahlenfuchs, die ich nicht in so einer Position vermutet hätte. Er trug keine Ärmelschoner und war auch überhaupt nicht ordentlich. Er hatte all das Chaos, das ihn umgab, in seinem Kopf gespeichert und belegte sein Wissen nur ungern durch die Herausgabe von bedruckten Zetteln, die seine ganze Unordnung durcheinander brachten. Das Problem für den Verlag war, dass sie den Laden hätten zumachen müssen, wenn der Buchhalter am nächsten Tag, sagen wir mal, vor eine Dampfwalze gelaufen wäre – und er machte den Eindruck, als könne ihm so was jederzeit passieren. Um gegen ein solches Unglück gewappnet zu sein, hatte der Verlagsleiter einen Computer gekauft, dessen Bedienungshandbuch etwa zwei Ziegelsteine schwer war. Das Handbuch setzte im Nebenzimmer des Buchhalters Staub an, denn die beiden, der Computer und der Buchhalter hatten sich nicht nur nichts zu sagen – sie sprachen noch nicht mal dieselbe Sprache. Der Computer sollte mit Informationen gefüttert werden, der Buchhalter gab sie ihm nicht, weil er ihm misstraute oder vielleicht auch dachte, er könnte über kurz oder lang arbeitslos werden wegen des Geräts. Außerdem vertraute er seinem Kopf mehr als einem Kasten aus Plastik, den niemand bedienen konnte. Und vielleicht mochte er ihn auch nicht, denn sein Chef hatte ihm den Rechner vor allem deswegen vorgesetzt, damit jemand anderes mal nachvollziehen konnte, nach welchem Prinzip der Buchhalter arbeitete. Er fühlte sich also ein bisschen bedroht.

Ich verbrachte die kommenden Monate damit, mich durch die Anleitung des Computers zu quälen. Für jeden einzelnen Posten musste ich eine Unmenge von Steuerzeichen eingeben, um zu definieren, wo er ab- oder zugerechnet wurde. Zwischendurch kam der Buchhalter vorbei, überprüfte, wie alles lief, und freute sich unverhohlen, wenn er mit spitzem Finger auf den Bildschirm deuten und »falsch!« sagen konnte. Nach und nach übertrug ich die Bilanz des kleinen Verlages auf den Rechner, was allemal spannender war, als Kontenblätter zu sortieren. Es verschaffte mir obendrein einiges an Privilegien, vor allem weil eine ganze Zeit lang niemand anderes mit dem sündhaft teuren Gerät umgehen konnte. Und irgendwann kam der Moment, an dem der Buchhalter und ich die gleiche Abrechnung im Kopf und vor unseren Augen hatten. Er, der Buchhalter, brauchte dazu einen vollgestopften Raum, der fünfmal so groß war wie das Nebenzimmer, in dem ich saß. Ich brauchte einen Rechner, der etwa so groß war wie zwei Reisekoffer und in den ich alle Zahlen aus dem vollgestopften Raum übertragen hatte. Wir testeten das Ergebnis des Computers hin und her, machten falsche Eingaben, um ihn in die Irre zu führen, aber am Ende erzielte er immer ein Ergebnis, das korrekt war – es musste nur der Azubi, der von Buchhaltung keine Ahnung hatte, dran sitzen und Zahlen eingeben. Der Unterschied zwischen dem Buchhalter und mir war gewesen, dass ich keine Angst vor dem Gerät hatte. Ich wusste, wie begrenzt die Fähigkeiten des Computers sind, wie ungefährlich er ist, weil ich andauernd an die Grenzen seiner Leistungsfähigkeit gestoßen war.

Heute läuft keine Buchhaltung mehr ohne Computer, nirgendwo. Und auch Buchhalter gibt es noch, nur heißen sie inzwischen »Controller« (und mögen es gar nicht, wenn sie »Buchhalter« genannt werden). Und sie müssen auch nicht mehr in papierstaubigen Zimmern sitzen und endlose Girlanden von Zahlenreihen aus einer Rechenmaschine mit dem Zeigefinger abfahren, wenn sie nach einem Fehler suchen. Man kann sagen, ihr Berufsbild hat sich deutlich verbessert. Und dass ich so früh gelernt habe, mit einem Computer umzugehen, hat sich später im Berufsleben als wertvollster Teil meiner Ausbildung gezeigt – obwohl es gar nicht im Ausbildungsplan stand.

Überall, wo die Menschen nicht direkt handwerklich arbeiten – aber zunehmend auch dort – haben die Computer in den vergangenen fünfzehn Jahren die Schreibtische geentert. Wir sind zu einer Informationsgesellschaft geworden, zu einer Dienstleistungs- und Kommunikationsgesellschaft. In jeder Anwaltskanzlei, Arztpraxis, Schule und sogar beim Bäcker stehen Computer. Der Kern der Branche, die Software-Hersteller, Computerverkäufer, Fernseh- und Internetangestellten wächst, nachdem die »New-Economy«-Blase vor einigen Jahren geplatzt war, wieder stärker: Über 1,3 Millionen Beschäftigte sind es derzeit in Deutschland, mit stark steigender Tendenz. Alle diese Menschen sind mit digitaler Technik im Beruf konfrontiert, gleichgültig, ob sie das begrüßen oder ablehnen. Sie können es sich kaum noch aussuchen und machen sich meistens auch keine Gedanken mehr darüber.

Wo ich hinkomme, nein, wo ich bin, ist immer auch ein Bildschirm, mal ein kleiner, mal ein großer. Bei Fernsehgeräten sprechen Marktforscher inzwischen von einer Vollausstattung der Bevölkerung, und häufig stehen pro Haushalt gleich mehrere Geräte herum. Fast jeder hat ein Handy, obwohl das noch vor fünfzehn Jahren etwas Besonderes war und bis vor zehn Jahren zumindest als Statussymbol durchging.

Das Neue wird nicht nur schnell alt, es verbreitet und etabliert sich auch so rasch, dass das Wissen darüber zur Allgemeinbildung wird. Dabei scheint es ein deutscher, vielleicht aber auch nur ein sehr menschlicher Reflex zu sein, das Neue erst mal abzulehnen. Es wird gewarnt, jedes Mal, wenn ein neues Medium aufkommt, und das Warnen selbst hat bereits Tradition.

Schon Sokrates wollte seine Worte nicht aufgezeichnet wissen, denn die Schrift verminderte seiner Meinung nach die Gedächtnisleistung und könne niemals an die Verständigungsleistung des mündlichen Vortrags heranreichen. Er misstraute dem neuen Medium Schrift. Zum Glück sah Platon das anders und hat Sokrates' Worte aufgezeichnet, bevor sie im schlechten Gedächtnis der Menschheit verschwunden wären.

Auch als das Buch sich als Medium durchsetzte, wurde es von Kritik begleitet, die sich vor allem darauf bezog, dass Lesen schlecht für die geistige Verfassung der Frauen sei. In *Madame Bovary* wird diese Kulturhaltung beschrieben: »Mutter Bovary heizte ihrem Sohn Charles ein, was Emmas Lesesucht betrifft: ›Romane schmökert sie, schlechte Bücher, Schriften gegen die Religion, in denen die Geistlichen verhöhnt werden mit Redensarten aus dem Voltaire!‹«

Johann Gottfried Hocke schrieb 1794 über die »abenteuerliche Lesesucht und über den Einfluß derselben auf die Verminderung des häuslichen und öffentlichen Glücks«: »Die Lesesucht ist ein thörichter, schädlicher Mißbrauch einer sonst guten Sache.« Hocke war der Meinung: »Verstand und Herz gewinnt nichts dabei, weil das Lesen mechanisch wird; der Geist verwildert anstatt veredelt zu werden.«

Als das Kino sich als Unterhaltungsstätte durchsetzte, wurde gewarnt, dass die Theater bald schließen würden, aber nicht nur das: Im »Reichslichtspielgesetz« von 1920 hieß es: »Der (Stumm-)Film ist in der Lage, die öffentliche Ordnung und Sicherheit zu gefährden, das religiöse Empfinden zu verletzen, verrohend oder entsittlichend zu wirken.«

Auch das Radio: natürlich böse!

Günther Anders schrieb 1956 über »die Seele im Zeitalter der zweiten industriellen Revolution« zum Hörfunk: »Millionen von Hörern wurde das gleiche Ohrenfutter serviert; jeder wurde durch dieses en masse Hergestellte als Massenmensch, als ›unbestimmter Artikel‹, behandelt.«

Im gleichen Stil warnte dann zwanzig Jahre später Marie Winn in ihrem Beststeller *Die Droge im Wohnzimmer*, der auch meine Erziehung prägen sollte: »Nicht anders als der Alkohol gestattet auch das Fernsehen dem Zuschauer, die wirkliche Welt auszulöschen und in einen angenehmen und passiven psychischen Zustand zu versinken.«

Altkanzler Helmut Schmidt war 1983, vor der Einführung des Privatfernsehens, der Meinung, »wir dürfen nicht in Gefahren hineintaumeln, die akuter und gefährlicher sind als die Kernenergie«. Und schließlich ging es gegen die Computer, wie in Claus Kochs Aufsatz »Jenseits der Gesellschaft« von 1983: »Angesichts einer telematisch durchpulsten Gesellschaft, in der alles Produzieren und alles Lernen über die Informationssynthesen des Mikrochips gelenkt wird, in der Kommunikation, die nicht technisch vermittelt ist, nur für Residialräume übrig bleibt, geraten schon gar die großen Kategorien und Kampfbegriffe der Aufklärung ins Schleudern: Authentizität und Autonomie, Entfremdung und Verdinglichung.«

Immer wurde erst mal der Untergang des Abendlandes heraufbeschworen, wenn ein neues Medium sich ausbreitete oder die Grenzen eines alten Mediums erweitert wurden. Nicht immer zu Unrecht, aber häufig nur, um nachher derjenige zu sein, der es schon immer gesagt hat, ohnehin die bequemste Haltung im Leben – die des Kritikers.

In einer Langzeitstudie, die 2005 veröffentlicht wurde, haben die Sender ARD und ZDF gemeinsam die durchschnittliche tägliche Nutzungsdauer aller Medien aller in Deutschland lebenden Menschen ab vierzehn Jahren ermittelt. Es sind zehn Stunden am Tag. Im Schnitt! Zehn Stunden am Tag läuft das Radio, sehen wir fern, hören wir Musik, suchen etwas im Internet oder lesen eine Tageszeitung. Aber diese zehn Stunden laufen nicht einfach hintereinander ab, je jünger die Menschen, desto mehr machen sie auf einmal: Mails schreiben, telefonieren, im Hintergrund den Fernseher laufen lassen und eine Musik-CD brennen. Es hat sich einiges getan, seitdem ich den Verlag verlassen habe, in dem ich meine Ausbildung gemacht habe. Schon in der nächsten Arbeitsstelle, dem *Münchner Stadtmagazin,* wurden die Layouts am Computer erstellt. Die grafische Abteilung war mein bevorzugter Aufenthaltsort, weil dort Musik lief und weil ich an den Bildschirmen tatsächlich zusehen konnte, wie das Magazin entstand. Als ich nach Hamburg gezogen bin, um beim Magazin *Tempo* als Chef vom Dienst anzufangen, kamen Internet und E-Mail dazu, das war 1994. Inzwischen kann ich ein ganzes Heft, inklusive druckfertiger Fotos auf meinem zigarettenschachtelgroßen iPod mit mir herumtragen, um daran zu arbeiten, wo auch immer ich bin. Sogar eine riesige Musiksammlung und mein Fotoalbum passen noch dazu. Ich kann einigermaßen unabhängig von Ort und Zeit arbeiten, das Internet kennt ja keinen Ladenschluss, und das Wichtigste, was ich brauche, kann ich mitnehmen, auch wenn es die Informationsmenge ist, für die ich früher eine Bibliothek gebraucht hätte. Wenn ich nicht am Computer arbeite, dann spielt er Musik, ich brenne eine CD für Freunde, ich schreibe eine SMS, um mich zu verabreden, oder ich beantworte ein paar Mails. Es umgibt mich ein Surren und Pfeifen und ab zu tönt ein »Pling« dazwischen und meldet, dass irgendwas gerade angekommen oder fertig geworden ist. Ich muss ein Leben meistern, in dem so viele Informationen ausgetauscht werden, dass ich füher zwei Leben dafür gebraucht hätte – in der Geräuschkulisse eines U-Boots. Dabei ist aus mir nicht der Erwachsene geworden, vor dem in meiner Jugend gewarnt wurde. Ich bin kein Einzelgänger, kein Sonderling, kein Technokrat. Und die Jugendlichen von heute, bei denen die Mahner und Kritiker den Eindruck haben, sie würden vor dem Computer aggressiv und dumm, werden vermutlich auch ganz anders werden, als die Kritiker es heute befürchten.

Es gehören Wissen und einige Fertigkeiten dazu, aus diesem Strom der Möglichkeiten zu schöpfen und nicht darin zu ersaufen. Im Berufsleben wird heute verlangt, dass ich blitzschnell umschalten kann zwischen unterschiedlichen Anforderungen, gleichzeitig den Überblick behalte und einen andauernden Abgleich vornehme, zwischen dem was ich tippe, schalte oder lenke und dem eigenen Denken. Wir sollen in der Lage sein, uns mit dem beruflichen Umfeld zu verändern. In der Automobilindustrie hat sich die Fertigung von der alten Idee, dass alles an einem Ort gelagert und dann zusammengebaut wird, gewandelt zur Just-in-Time-Lieferung und zu einer Bausatz-Bauweise, die es ermöglicht, in einem Werk rein rechnerisch Tausende verschiedene Modellvarianten herzustellen. Die Ingenieure werden zunehmend zu Logistikern, die sich mehr mit der sinnvollen Abfolge der halbautomatischen Fertigung beschäftigen müssen als mit Konstruktion, Lieferung und dem Zusammenbau. Die Gemeinsamkeit bleibt: der Computer. Im topmodernen BMW-Werk in Leipzig, berühmt geworden durch die beeindruckende und vermutlich auch komplett am Computer entstandene Architektur von Zaha Hadid, arbeiten keine Mechaniker mehr an den Fließbändern, sondern »Mechatroniker«. So nennt sich der Ausbildungsberuf, den es erst seit 1998 in Deutschland gibt und der sich aus den Fachbereichen Maschinenbau, Elektrotechnik und Informatik zusammensetzt.

Bis vor fünf Jahren wurde bei Stellenausschreibungen noch ausdrücklich darauf hingewiesen, wenn »Computerkenntnisse erforderlich« sind. Heute werden sie vorausgesetzt.

Gleichzeitig bin ich im Privatleben verlockt, mich mit modernen Medien auseinanderzusetzen, immer wieder und immer neu, wenn ich an der großen Unterhaltung, die sie mir bringen können, teilhaben möchte: DVDs gucken, surfen im Internet, Privatvideos schneiden und vertonen, HD-Fernsehen, Digitalfotografie, Computerspielen undsoweiterundsofort.

»Ich habe gerade ein neues Betriebssystem installiert. Was muss ich jetzt drücken?«

»Beide Daumen!«

Sobald etwas so weit verbreitet ist, dass es Witze darüber gibt, die jeder versteht, ist klar: Es ist im gesellschaftlichen Konsens verankert. 55 Prozent der deutschen Gesamtbevölkerung über vierzehn Jahre besitzen einen Internetanschluss (Stand Sommer 2006). 35,7 Millionen Menschen sind seit letztem Jahr im Netz, und weitere 4,1 Millionen planen in nächster Zeit, sich einen Internetanschluss zu besorgen. Es gibt immerhin noch 25 Millionen Deutsche, die keinen Zugang zum Internet haben und auch nicht planen, das zu ändern. Diese Gruppe allerdings ist im Durchschnitt 60,3 Jahre alt und verfügt im Vergleich zur Restbevölkerung über ein geringeres Bildungsniveau. Hier zeigt sich, was neudeutsch »Knowledge Gap« genannt wird. Neben Menschen mit überwiegend sehr geringem oder gar keinem Einkommen, die sich vom Fernseher berieseln lassen und einfach nicht das Geld haben, um Computer und Internet anzuschaffen, sind das die Älteren, denen es nichts mehr bringt, sich noch mit neuen Kommunikationstechniken zu befassen. Oder die das zumindest glauben.

Dabei ist es längst kein Privileg der Jugend mehr, sich mit all dem auszukennen. Schließlich sind die Computerkids der ersten Generation nun auch schon vierzig Jahre alt. Auf diese Weise sickert das Spezialwissen von gestern in den allgemeinen Bildungskanon ein.

Und es sind nicht mehr die Sonderlinge, die moderne Kommunikationsmethoden selbstverständlich einsetzen. Es sind einfach die Leute, die irgendwann in den vergangenen Jahren die Gelegenheit ergriffen haben, sich intensiv damit auseinanderzusetzen. Viele von ihnen sind jung – ihnen erscheint der Umgang mit Technik so selbstverständlich wie Lesen und Schreiben. Einige von ihnen sind älter gewordene Jugendliche, die sich zu einer Zeit damit beschäftigt haben, als es noch pädagogisch bedenklich schien, zu viel Zeit mit Computern zu verbringen. Und nun kommen zunehmend die Älteren hinzu, die einen starken Antrieb haben, sich neuen Medien zu öffnen, sei es, um die Briefmarkensammlung auf ebay zu verkaufen, weil sie beruflich mithalten wollen oder weil sie gerne per Mail Kontakt mit den Kindern und Enkeln halten möchten.

Die Bandbreite erstreckt sich von den Jugendlichen, die mit dem Handy aufgewachsen sind und es gar nicht mehr kennen, dass es ein Telefon gibt, das man abheben und auf ein Freizeichen warten muss (weswegen sie in den USA »No-Dial-Toner« genannt werden), bis zu den »Grey Gamern«, den älter gewordenen Computerspielern und denjenigen, die sich das Medium erst weit über dreißig erarbeiten, um beispielsweise gleichwertige Spielpartner in Schachforen zu finden. Durch viele Schichten und Altersklassen hindurch hat sich eine Medienbeherrschung festgesetzt, die zum Kulturkanon gehört. Wir können ohne all das leben, aber wir leben schlechter, unaufgeklärter, weniger selbstständig.

Den Unterschied markiert immer weniger eine Generationengrenze, sondern eine Wissensgrenze. Mit Medien-Knowhow läßt sich dieselbe Welt mit einer größeren Selbstverständlichkeit begreifen. Die Wissenden stehen vor den gleichen Ticketautomaten an Flughäfen und Bahnhöfen, müssen aber nicht eingewiesen werden. Sie können einen DVD-Rekorder anschließen und einen neuen Fernseher programmieren, ohne einen Techniker anrufen zu müssen und meistens auch, ohne stundenlang die Bedienungsanleitung zu studieren. Sie können günstiger und besser reisen, weil sie online Preise vergleichen und Flüge buchen können, und sie müssen sich nicht mehr an Ladenschlusszeiten halten, wenn sie für diesen Urlaub noch ein bisschen Lektüre einkaufen möchten.

Wenn ich mich aber nicht auskenne, türmt sich eine Mauer an Technik vor mir auf, die ich immer schwerer überwinden kann, je länger ich damit warte. Dann bin ich schon erschöpft, wenn ich mir nur erklären lassen will, wie das Internet funktioniert. Dabei ist das auch für jemanden, der Webseiten programmiert oder Millionär mit einer Online-Firma geworden ist, ein Vortrag von nicht unter einer Stunde. Kein Mensch muss wissen, wie das alles funktioniert, es wissen ja auch die wenigsten, was unter der Motorhaube ihres Autos stattfindet, wenn sie den Zündschlüssel herumdrehen. Jeder Einzelne muss nur irgendwann erkennen, was für ihn dabei ist im Angebot, was er brauchen kann und was nicht. Ich gerate selbst ins Schwimmen, wenn ich Technik richtig erklären soll, auch wenn ich sie beherrsche. Das hindert mich nicht an der Bedienung und vor allem nicht daran, meinen Nutzen aus neuen Medien zu ziehen.

Nicht wenige Freunde und Kollegen lehnten es anfangs ab, mit Computern zu arbeiten, Handys anzuschaffen, ins Internet zu gehen. Das wirkte schick rückständig. Und es gab denen, die sich in die jeweiligen Neuigkeiten einarbeiteten, das Gefühl, einer Mode nachzugeben und sich von der Industrie wie eine Sau durchs Dorf jagen zu lassen. Aber diese Haltung schlug schnell um, wirkte zuerst schrullig und dann weltfremd. Ich war einmal mit ein paar ehemaligen *Tempo*-Kollegen abends auf einen Drink verabredet, schon lange, nachdem das Magazin leider eingestellt worden war. Als einer der letzten hatte der Kollege Alf noch kein Handy. Wir anderen verspäteten uns, weil eine Kollegin, die wir abholten, zu spät fertig wurde. Alf stand eine halbe Stunde vor dem Laden, in dem wir gemeinsam was trinken wollten, und wartete. Als wir ankamen, wäre eine Entschuldigung fällig gewesen für die dreißig Minuten Lebenszeit, die wir, vor allem aber die Kollegin, ihm geraubt hatten. Wenige Jahre zuvor hätten *wir* uns geschämt, nun bekam *er* einen Anpfiff: »Das ist doch auch albern, dass Du *immer* noch kein Handy hast, ich bin halb wahnsinnig geworden, dass ich Dich nicht erreicht habe, um Dir zu sagen, dass wir uns verspäten werden.« Man sollte nicht jede Mode mitmachen, gerade wenn es um die Anschaffung technischer Neuigkeiten geht, aber man sollte schon noch wahrnehmen, wenn sich die Zeiten ändern. Wer heute kein Handy hat, darf sich nicht mehr beschweren, wenn er bei Verabredungen als schwergängig empfunden wird. Oder auch mal alleine zu Hause bleibt.

Es gibt eine Menge Zeugen, die mich schon oft dabei beobachten konnten, wie ich laut aufgestöhnt habe, wenn mein Handy »schon wieder klingelt«. Es kann auch sein, dass ich meinen Computer beschimpfe oder dass ich zwanzig von dreißig Mails, die ich abrufe, sofort genervt lösche, weil sie Werbung oder Filmchen sind, die mir Freunde mit zu viel Tagesfreizeit geschickt haben. Es kann auch sein, dass ich meinen Controller (nein, keine Angst, keinen Buchhalter) in die Ecke schmettere, wenn ich bei einem Computerspiel nicht weiterkomme. Ich habe vor der letzten Fußballweltmeisterschaft gesessen und mich so über den dummen Wortdurchfall aufgeregt, den Reinhold Beckmann von sich gegeben hat, dass ich den Bildschirm angeschimpft habe und meine Freundin mir sagen musste: »Du weißt, dass die in dem Kasten da Dich nicht hören können?« Deswegen will ich trotzdem nicht auf Handy, Computer, Internet, Fernsehen, Videospiele verzichten. Ich habe das Gemeinschaftserlebnis »WM-Gucken« genossen. Meinen Job könnte ich ohne Internet und E-Mail gar nicht mehr richtig machen. Und wenn mein Handy zwei Tage lang gar nicht klingelt, erfasst mich telekommunikative Schwermut, ich fühle mich allein gelassen. Es ist nicht alles besser geworden in den vergangenen zwanzig Jahren, aber es *ist* besser geworden.

Kapitel 2

Der Umgang mit Technik schult unseren Geist

Wer auch immer damit angefangen hat, eine hoch kompliziert zu bedienende Maschine wie den Computer für Dummheit und Faulheit bei Teenagern verantwortlich zu machen – er hat ganze Arbeit geleistet. Denn dieses Gerücht hält sich hartnäckig. Vermutlich liegt es daran,dass oft nur ein dumpfes »Mhh« zurückkommt, wenn Eltern einen Jugendlichen ansprechen, der konzentriert vor einem PC-Bildschirm sitzt. Etwa so eine euphorische Reaktion wie von einem Schachspieler. Nur behauptet niemand, Schach spielen mache blöd und einsam, faul und aggressiv. Bei Computern hält sich diese These jedoch nicht nur – sie hat sich auf alle artverwandten Medien übertragen. Ein Elfjähriger, der ein Handy programmieren kann, ist in der Lage eine sehr komplexe Handlung auszuführen. Jeder 58-Jährige, der nicht mal seinen Klingelton einstellen kann, sollte das attestieren können. Trotzdem werden Elfjährige mit Handy als Sklaven der Technik betrauert. Und wer ein Computerspiel spielt, scheint für intellektuelle Vorgänge überhaupt verloren. Seit den achtziger Jahren sind eine Fülle von Ratgebern und Aufsätzen erschienen, die alle versuchen, eines zu belegen: dass Menschen vor einem Computerbildschirm, einem Fernseher oder einem Handydisplay geistig verkümmern. Dabei ist genau das Gegenteil der Fall. Unsere Auffassungsgabe wird geschult, unsere kognitiven Fähigkeiten und unsere Reaktionsgeschwindigkeit. Wir benötigen noch nicht einmal Spezialwissen, um das zu erkennen. Wir müssen nur vorurteilsfrei und genau beobachten. Allerdings sehen wir es zwei Menschen auf der Straße kaum an, ob der eine mit und der andere ohne Technik aufgewachsen ist. Es lohnt sich also, dorthin zu schauen, wo wir die positive Wirkung von Computern am deutlichsten erkennen können. Dort nämlich, wo ein Geist beschädigt wurde. Und Computer bei der Reparatur behilflich sein können.

Von außen sieht das Neurologische Reha-Zentrum in Wiesbaden recht modern aus. Ein weißer Quader vor der Auffahrt zeigt an, dass man angekommen ist. Drinnen dann die übliche Allzweckatmosphäre, die bald in Resopal-Tristesse übergeht. Helle Flächen, Birkenholz, merkwürdige Kunst. So wie Krankenhäuser meistens aussehen. In der Tagesklinik laufen viele Menschen in Freizeit- oder Joggingkleidung umher. Die meisten Patienten kommen tagsüber rein, machen ihre Übungen und gehen zurück in ein Leben, dass sie gerade erst wieder zu meistern lernen.

Maria Pilar Rodriguez ist eine zierliche Person, was günstig ist, denn sie sitzt in einem schmalen Büro. Normalerweise hält sich Frau Rodriguez ein paar Räume weiter auf, dort wo die Computer stehen. Maria Rodriguez ist Neuropsychologin. Ihr Spezialgebiet ist die Behandlung von Menschen, die durch einen Unfall, einen Schlaganfall oder auch Hirntumore einen Teil ihrer Hirnfunktionen verloren haben. Einige haben Gedächtnisverlust, andere müssen mit dem Ausfall einer Hälfte des Gesichtsfeldes auf beiden Augen zu leben lernen: der homonymen Hemianopsie. So nennen Neurologen es, wenn ein Mensch zum Beispiel auf einer Hälfte des Gesichtsfelds nichts mehr wahrnimmt. Es gibt noch andere Wahrnehmungsstörungen wie den »visuellen Neglect«. »Bei einem solchen Syndrom können die Menschen mir eine halbe Uhr aufzeichnen, und schreiben die Ziffern in die eine Hälfte« erklärt Maria Rodriguez in sanftem Hessisch. »Die Patienten haben dabei den Eindruck, dass sie es richtig gemacht haben – aufgrund ihrer rechtsseitigen Hirnschädigung vernachlässigen sie das linke Halbfeld, haben oft räumliche Wahrnehmungsstörungen und die bewusste Selbstwahrnehmung ist stark vermindert.« Während Hemianopiker im Sehhalbfeld blind sind, könnten Neglect-Patienten alles sehen, wenn sie ihre Aufmerksamkeit ins andere Halbfeld verschieben würden. Auch Menschen mit Gedächtnisverlust haben oft keinen direkten Eindruck von ihrer Krankheit. Sie merken nur, dass etwas nicht stimmt, können aber selbst nicht beurteilen, was das genau ist.

»Oft müssen die Patienten erst von ihrem eigenen Problem überzeugt werden. Sie wollen nach Hause gehen, weil sie das Gefühl haben, es fehle ihnen nichts. Sie haben keine akuten Schmerzen, sie können laufen, sprechen.« Hier setzt die psychologische Arbeit ein, denn Maria Rodriguez muss die Menschen mit ihrem eigenen Krankheitsbild erst vertraut machen. Es ist wichtig den Patienten das Gefühl zu geben, mit ihren Störungen nicht alleine zu sein und sie im Umgang mit ihren verwirrenden und teils frustrierenden Erkenntnissen zu unterstützen. Oft kommen Ängste und Depressionen auf, getrieben von der Frage: Warum ich? »Die meisten Menschen denken, ihnen könne nichts passieren – krank werden immer die anderen. Dann haben sie plötzlich einen Schlaganfall, und das trifft sie wirklich wie der Schlag: sie fühlen sich ungerecht behandelt, wenn sie zum Beispiel nie geraucht oder getrunken haben. Aber so was passiert leider, einfach so.«

Maria Rodriguez arbeitet an »allen Schäden, die im ›kognitiven, emotionalen und motivationalen Bereich‹ liegen«. Für einen Nichtpsychologen heißt das: alles, was das Denken, Fühlen und Verhalten im weiteren Sinn ausmacht. Unser Denken ist die Summe mehrerer Fähigkeiten, die alle zusammen wirken müssen: Zunächst Wahrnehmungsfähigkeit und Aufmerksamkeit. Im Kopf treffen dann Rationalität und Abstraktionsvermögen auf Erkenntnisfähigkeit, Erinnerung und Schlussfolgerung. Schließlich kommt es zur Entscheidungsfindung. Und, wenn es gut läuft, die Lernfähigkeit.

Wenn eine oder mehrere dieser Fähigkeiten beeinträchtigt sind, versucht Maria Rodriguez, sie wieder herzustellen oder einen Weg zu finden, wie die Patienten den Verlust besser verkraften oder besser damit umgehen können. »Kompensation« nennt sie das. Sie besucht die Haushalte und die Arbeitsstätten der Patienten und erarbeitet einen Plan, was sie dort besser machen können oder wie die

Umwelt für den Patienten besser gestaltet werden könnte. Damit die Menschen wieder zurück können in ihre Wohnungen, manchmal auch in ihre Jobs.

Maria Rodriguez arbeitet sowohl in der Klinik als auch ambulant in ihrer eigenen Praxis. Zu ihr kommen die Patienten meistens, wenn schon eine Kernspintomografie gemacht wurde, wenn also ein Bild existiert, auf dem zu sehen ist, welche Partien des Gehirns – durch Unfall oder Schlaganfall – verletzt oder zerstört worden sind. Es gibt eine ungefähre Kartografie unseres Kopfes. Aber auch, wenn ein Arzt genau sehen kann, welcher Teil beschädigt wurde, kann er noch nicht genau bestimmen, was nicht mehr funktioniert. Maria Rodriguez spricht dann ausführlich mit den Patienten, versucht sich ein Bild davon zu machen, was sie für einen Menschen vor sich hat und was ihm fehlt. Anschließend setzt sie die Patienten vor einen Computer und lässt sie allerlei Testreihen durchlaufen.

»Für die Diagnostik gibt es unter anderem ein Computerprogramm, das für die Neuropsychologie sehr nützlich ist, genannt ›TAP‹, die ›Testbatterie Aufmerksamkeitsprüfung‹.« TAP besteht aus vielen Einzelprogrammen, die alle aussehen wie ausgegraben aus der Steinzeit des Videospielens. Aber eine tolle Grafik und Effekte sind nicht wichtig. Was zählt, ist, dass Maria Rodriguez damit mehrere kognitive Fähigkeiten isoliert voneinander testen kann. »Ich prüfe damit das Reaktionsvermögen, aber auch die selektive und geteilte Aufmerksamkeit: Wie gut jemand fokussiert, wie gut der Patient sich auf mehrere Sachen gleichzeitig konzentrieren kann.« Wir merken es ja kaum, wenn wir das gut können. Wenn wir Zeitung lesen und trotzdem noch hören, was unser Partner zu uns sagt. Wenn wir Auto fahren, Radio hören und gleichzeitig nach dem Weg suchen. Oder das, was wir neudeutsch »Multitasking« nennen – dass gleichzeitige Bedienen mehrerer technischer Geräte. Schließlich prüft Maria Rodriguez noch »die Daueraufmerksamkeit, wie lange sich jemand konzentrieren kann. Durch ›TAP‹ bekomme ich von all dem eine differenzierte Einschätzung.« Anhand dessen, auf welche Weise und wie schnell die Patienten ihre Aufgaben lösen, bekommt Maria Rodriguez ein präzises Bild davon, was funktioniert – und vor allem: was nicht. »Vielen Patienten sehe ich nicht an, was sie haben. Das ist das Schlimmste für sie, dass sie überschätzt werden. Dass ihre Umwelt sagt: Du siehst ja blendend aus, Dir geht's ja anscheinend gut. Und niemand kann nachvollziehen, welche Probleme sie haben.«

Vor einem der Bildschirme wurde eine Vorrichtung aufgebaut, die den Kopf des Patienten stützt und den richtigen Abstand zum Bildschirm hält. Hier geht es nicht mehr nur darum, zu analysieren, sondern teilbeschädigte Nachbarzellen zu stimulieren um die begrenzte Sehfunktion wieder herzustellen. Das, was ein Schlaganfall, ein Unfall oder ein Tumor dem Geist genommen hat, wieder zurückzugewinnen. Die Vorrichtung ist gedacht für Patienten mit halbseitigem Ausfall des Gesichtsfeldes. »Diese Menschen sehen zum Beispiel die linke Seite ihrer Halbfeldes nicht. Sie existiert nicht mehr. Beim Lesen, fangen sie einfach in der Mitte an und lesen von dort nach rechts weiter. Der Text ergibt keinen Sinn und hat keine Bedeutung mehr.« Diese Patienten muss Maria Rodriguez überhaupt erst mal darauf hinweisen, dass die linke Seite noch existiert. Die Patienten haben Schwierigkeiten, sich in ihrer Umgebung zu orientieren.

Auf dem Monitor, vor dem sie ganz ruhig sitzen und ein Bild fixieren müssen, erscheinen optische Reize, die in Farbe, Größe, Schnelligkeit und Lokalisation eingestellt werden können. Die Patienten müssen auf eine Taste drücken, sobald sie den Reiz wahrnehmen. Auf diese Weise bekommt Maria Rodriguez ein sehr klares Bild davon, wo der Patient noch etwas wahrnimmt und wo nicht. »Gesichtsfeldausfall können sie mit dem Computer wirklich gut messen. Sonst müsste ich die Patienten bitten, zu sagen, wann sie meine Finger wahrnehmen, wenn ich Ihnen gegenübersitze und meine Finger in ihr Gesichtsfeld führe. Da ist der Computer natürlich viel präziser. Außerdem kann er individuell angepasst werden.«

In diese Vorrichtung fixiert, können Patienten mit Ausfall des Gesichtsfeldes trainieren, sich Teile dieses Ausfalls wieder zurückzuholen, in dem sie immer im Grenzbereich ihres Sichtfeldes etwas erkennen müssen. Der Patient muss immer exakt am Rand seiner Sehfähigkeiten trainiert werden, dort wo er gerade noch etwas wahrnimmt. Dann können andere Gehirnzellen stimuliert werden und nach und nach die Funktion der ausgefallenen übernehmen. Zu diesem Zweck werden die Ergebnisse des Tages gespeichert und fortlaufend adaptiert. Dabei ist die Betreuung, die Supervision durch den Neuropsychologen wichtig, der in ständiger Verbindung mit dem Software-Hersteller steht und vorab ein Bild über die Möglichkeiten des Patienten in Bezug auf seine Probleme und Einschränkungen erstellt. Beim Software-Hersteller wird für die nächste Sitzung ein Update erstellt, das den Patienten erneut am Rand seiner Wahrnehmung stimuliert. Für die Patienten bedeutet es, dass sie eine ganze Weile täglich von zu Hause aus trainieren müssen – eine Therapie die teuer ist und von der Kasse nur selten übernommen wird. »Aber mir ist keine bessere Methode bekannt, um eine Rückbildung der Sehfunktion des Gesichtsfeldes zu erlangen. Sie können mit den Patienten daran arbeiten, dass sie sich anders behelfen, ihre Ausfall besser kompensieren können, in dem sie zum Beispiel die Blickzielbewegungen mit ihm trainieren. Aber die wiederholte, visuelle Stimulationstherapie bei teilweisem oder totalem Gesichtsfeldausfall – also Blindheit – geht nur mit dem Computer.« Sagt Maria Rodriguez . »Und es gibt einige andere Dinge, die sie mit dem Computer besser trainieren können, Reaktionsvermögen zum Beispiel oder Konzentrationsfähigkeit.«

Maria Rodriguez mag ihre Arbeit. Auch wenn sie in dem distanzierten Ton darüber spricht, den sie sich antrainiert hat, weil sie täglich mit Menschen umgehen muss, die vor große Probleme gestellt werden und kein Mitleid, sondern konkrete Hilfe brauchen. Besonders umfassend ist es mit Patienten, die unter Amnesie, also starkem Gedächtnisverlust leiden: »Die erzählen mir, was sie so den Tag gemacht haben. Sie waren schwimmen oder Kuchen essen – aber das stimmt nicht immer alles. Es sind Konfabulationen, Erinnerungsbruchstücke die in einen falschen Kontext eingeordnet werden oder frei erfunden sein können.«

Unser Gehirn ist immer noch weitgehend unerforscht. Und es funktioniert obendrein als unser eigenes Illusionstheater – wir können selbst kaum erkennen, was uns fehlt.»Die Patienten lügen mich nicht an – sie versuchen, die Lücken zu füllen. Die Vorstellung, dass das ganze Leben einfach weg ist, ist unerträglich. Die Persönlichkeit jedes Menschen besteht zu einem großen Teil aus seinem Gedächtnis. Unsere Erfahrungen – was wir gelernt, was wir gesehen haben – machen uns aus. Wenn ein Mensch diese verliert, ist das ein unglaublicher Einschnitt. Wenn er sich nichts mehr merken kann, vergehen Wochen und Monate – und er hat nichts. Nichts wird mehr abgespeichert, höchstens noch die emotional gebundenen Inhalte, die besser erinnert werden. Das macht den Patienten Angst. Es bleibt ihnen kaum mehr übrig, als sich auf die anderen zu verlassen.«

Vor einiger Zeit hat Maria Rodriguez einen jungen Informatiker behandelt, »der hatte starke Gedächtnisstörungen. Wir vereinbarten Kleinigkeiten, und der Patient war sich sicher, dass er es behalten würde. Aber beim nächsten Mal hatte er es natürlich vergessen. Also legte ich ihm einen Zettel hin, auf dem wir alles notiert hatten – in seiner Schrift.« So macht Maria Rodriguez es häufig, um den Patienten erstmal bewusst zu machen, wie und in welchen Maß ihre Ausfälle auftreten.

»Irgendwann fiel mir auf, dass er so ein Telefon benutzt, in dem ein kleiner Computer integriert ist, einen ›PDA-Communicator‹.« Das Wissen, das vor dem Ereignis lag, aus dem der Gedächtnisverlust resultierte, haben die meisten Menschen noch zur Verfügung. »Seinen Taschencomputer zu bedienen, so viel wusste der Mann noch, auch wenn er vieles, was mit seiner Arbeit zusammenhing, nicht mehr abrufen konnte. Und dann hat er gelernt, sich alles in dem Gerät aufzuschreiben.« Nicht nur Termine, sondern Termine vor den Terminen, wann er aufstehen muss, was er mitnehmen muss, wann er nachsehen muss, welcher Bus ihn zu seinem Ziel bringt. Für alles hat er begonnen, sich selbst Nachrichten zu schicken. »Er hat sich eine eigene Tagesordnung geschaffen. Termine, die er einhalten muss. Dinge, die ihm persönlich wichtig sind. Auf was er täglich achten muss. Auch Gedanken oder Gespräche, die ihm etwas bedeuten. Und wenn sein Communicator läutet, kann er nachschauen welche Aufgabe oder welchen Termin er hat, den er sonst vergessen hätte.« Ohne seinen Taschencomputer könnte er in dieser Eigenständigkeit nicht mehr am Alltag teilhaben.

Es ist eine Sache, ob Ärzte den Menschen, die eine Schädigung haben, mit dem präzisen Einsatz von Computerprogrammen weiterhelfen können. Aber bedeutet das etwas für jeden Einzelnen von uns? Ja, denn die kognitiven Fähigkeiten werden in jedem Fall verbessert. Nur merken wir es bei gesunden Menschen nicht so deutlich. Es sei denn, man besucht mal eine Computerspielweltmeisterschaft, egal in welchem Spiel, und versucht sich mit den Teilnehmern zu messen. Mir wurde bei dieser Gelegenheit schnell klar, warum es eine eigene Liga, Ausscheidungswettbewerbe und inzwischen sogar Profis gibt, die nichts anderes mehr machen. Denn obwohl ich schon eine Menge gespielt habe in meinem Leben, kam ich mir dort vor wie neben Carl Lewis auf der Tartanbahn. Alt, schwer, langsam. Was ja leider auch stimmt, wenn man sich die Profispieler ansieht. Die unfassbare Geschwindigkeit, in der sie hochkomplexe Szenarien erfassen und durchstreifen, ist beim Zusehen schon kaum nachzuvollziehen. Wenn ich mich an den Controller setze, merke ich erst, welche Fähigkeiten dazu notwendig sind. Perfekte Hand-Hirn-Koordination, schnelles Auffassungsvermögen und die Reaktionsgeschwindigkeit eines Insekts. Dass es eine Geistesschulung ist, sich mit Computerspielen, aber auch mit moderner Technik ganz allgemein zu befassen, lässt sich nicht nur am Einzelbeispiel belegen. Es ist ein Effekt, der inzwischen die ganze westliche Gesellschaft erfasst hat.

Wir alle sind in den vergangenen fünfzig Jahren nicht dümmer geworden durch das Fernsehen, Computer, Handys, Internet und Videospiele, durch die stetig steigende Menge an Medien, die uns zur Verfügung steht. Genau genommen ist der durchschnittliche Intelligenzquotient in der westlichen Welt seit dem Zweiten Weltkrieg sogar gestiegen.

Der neuseeländische Politikwissenschaftler James Flynn hat diese Entwicklung nachgewiesen, weswegen sie als »Flynn-Effekt« bezeichnet wird. IQ-Tests dienen dazu, Intelligenzstufen innerhalb einer Gesellschaft festzulegen. Der Durchschnitt der Bevölkerung sollte immer bei einem IQ von 100 liegen, nur 2 Prozent sollen unter der Marke von 70 landen und 2 Prozent über der Marke von 130. James Flynn stellte fest, dass die Tests seit den fünfziger Jahren immer weiter verschärft wurden. Damit die breite Masse der Bevölkerung immer noch bei einem IQ von 100 landete, wurden das Niveau nachjustiert – nach oben. Wenn man zurückrechnet, sind die Werte bei jedem Generationswechel um 10 Punkte angestiegen. Wer also heute 110 Punkte erreicht, hätte bei einem IQ-Test vor dreißig Jahren noch einen Wert von 120 gehabt.

Auffällig ist dabei, dass sich die sprachlichen und arithmetischen Fähigkeiten der Menschen eher langsam entwickeln, während die abstrakten, visuell-räumlichen Fähigkeiten viel stärker zunehmen. James Flynn führt das auf die gestiegene Nutzung von Fernsehen und Computern zurück, die in immer jüngeren Jahren Einfluss auf die Entwicklung der Menschen nehmen und sowohl die räumliche Vorstellung wie auch das Abstraktionsvermögen schulen.

Der Umgang mit Computern, mit Fernsehen, mit dem Internet, mit Handys verlangt von uns, dass wir uns mit den Regeln und Gesetzmäßigkeiten moderner Technik auseinandersetzen. Dass wir Zeichen richtig deuten, ob das nun dramaturgische Zeichen in Fernsehsendungen sind oder Symbole, die helfen sollen, ein technisches Gerät intuitiv zu bedienen. Ein Mensch, der in den achtziger Jahren seinen ersten Computer bekommen hat und sich später mit der Programmierung von Videorekordern auseinandergesetzt hat, wird heute kaum ein Problem haben, sein Handy einzurichten oder seine Zugtickets online zu lösen. Es erscheint ihm selbstverständlich. Und wer sich einmal mit dem Programm »Word« und seinen kryptischen

Symbolen beschäftigt hat, wird jede andere Software als überaus bedienungsfreundlich wahrnehmen. Irgendwann gehen wichtige Referenzpunkte in Fleisch und Blut über, sodass jeder Mensch bei neuen Computerprogrammen relativ rasch die grundsätzlichen Funktionen finden und bedienen kann. So haben sich große Teile der Gesellschaft daran gewöhnt, nach einem entsprechenden optischen Hinweis für eine Funktion zu suchen: Will ich etwas auf meinem Bildschrim finden oder vergrößern, suche ich nach einem Symbol für eine Lupe.

Menschen wachsen mit ihren Herausforderungen. Vor hundert Jahren wären die meisten schon überfordert gewesen, zu telefonieren, während der Fernseher läuft. Aber im gleichen Maß, in dem sich unsere Umwelt entwickelt, schult sich unser Geist, um den Anforderungen Stand zu halten. Wir lernen heute viel früher und intensiver zu abstrahieren und Probleme zu erfassen und zu lösen. Wir müssen es lernen, weil die Welt uns sonst verschlossen bleibt. Auch wenn wir selbst kein Bewusstsein dafür haben, was wir alles können, ist es deutlich mehr, als die Menschen vor vierzig Jahren konnten. Die Fähigkeit, Muster zu erkennen und Analogien zu ziehen, wie sie in Intelligenztests oft verlangt wird, ist gestiegen, ohne dass wir es gemerkt hätten, weil die Bewertungen der Tests strenger wurden. Was James Flynn also entdeckt hat, ist, dass der Teil der Welt, der sich intensiv mit modernen Medien auseinandersetzen muss, im Zeitraum der vergangenen sechzig Jahre klüger geworden ist. Nicht im Vergleich zum Rest der Welt – sondern im Vergleich zu sich selbst.

Die Arbeit an diesem Buch war eine gute Gelegenheit, meinen eigenen IQ mal zu testen. Er lag bei 126 Punkten. Vor dreißig Jahren hätte das sogar noch für den Begabtenbereich genügt! Leider reicht diese Feststellung nur, um bis zum nächsten Satz anzugeben: Denn ein IQ-Test sagt zu wenig darüber aus, wie intelligent jemand wirklich ist. Die Tests wurden entwickelt, um diejenigen herauszufiltern, die zum Beispiel nicht für den Militärdienst taugen, weil sie lernbehindert sind oder sonstige Störungen haben, die sie im IQ-Test unter einen Mindestwert sinken lassen. Um es platt zu sagen: Er ist nicht dazu da, die Klugen zu definieren, sondern die Dummen. Um einen klugen Menschen erfassen zu können, werden zu viele Faktoren (wie Erfahrung und soziales Umfeld) außer Acht gelassen, die zu einer im Allgemeinen als intelligent geltenden Person gehören. So wird ein Philosophieprofessor zwar wahrscheinlich nicht unter die Durchschnittswerte eines Tests sinken, aber doch einen schlechteren Wert erzielen als ein Mathematikstudent, weil dieser sich im Alltag eher mit Aufgaben befasst, die in solchen Tests abgefragt werden. Ob einer der beiden nun objektiv klüger ist als der andere, lässt sich dadurch aber kaum feststellen. Zudem gibt es recht viele verschiedene Tests, bei einem zweiten Test habe ich mit 115 Punkten abgeschnitten, weil er anders gewichtet war. Klar ist nur: wir sind im Bereich der kognitiven Fähigkeiten, was Reaktionszeiten, Sortierung von Symbolen und Farben, schnelles Erfassen von Problemstellungen angeht, stärker geworden. Der Umgang mit modernen Medien trainiert unser Denken.

Als ich Anfang der achtziger Jahre begann, gemeinsam mit meinem Schulfreund Johannes große Teile unserer Freizeit einem »Commodore-64«-Heimcomputer zu widmen, wusste ich natürlich nicht, welche Bedeutung das für mein späteres Leben haben würde. Ich wusste überhaupt noch nicht viel über das Leben. Ich war verknallt in Jody Banks, die Assistentin von Colt Seavers aus der Fernsehserie *Ein Colt für alle Fälle*, die im Vorspann im blauen Bikini durch die Schwingtüren seines Büros kommt. Wir hörten die Musik von Supertramp oder The Alan Parsons Project, und meine Persönlichkeitsentwicklung maß ich vor allem darin, dass ich endlich in James-Bond-Filme gehen durfte. Thomas Gottschalk galt als total ungewöhnlicher Talkmaster und moderierte eine Sendung namens *Telespiele*. Der »Commodore 64«, von uns nur »Ceevierunsechzich« genannt, war ein Computer, der sich zu heutigen Computern verhält wie eine alte Moto Guzzi im Vergleich zu einem japanischen Mittelklassewagen: Johannes und ich mussten alles selbst machen, uns mit allem auskennen, um irgendwas damit anfangen zu können. Nichts ging einfach, kaum etwas funktionierte von selbst. Aber wir konnten den C 64 mit einer Programmiersprache namens »Basic« füttern, in dem wir Befehlszeilen eingaben wie Folgende:

```
10 Print«Wie heisst Du?«
20 Input A$
30 PRINT«Hallo«+A$
```

Wenn wir nun »RUN« eingaben, fragte der C 64 »Wie heißt Du?«, und wenn ich meinen Namen eintippte, antwortete er mit »Hallo David«. Sofort fühlten wir uns wie Matthew Broderick, der einen Jugendlichen in *Wargames* spielte, einen Film, in dem ein Computerhacker fast den Dritten Weltkrieg auslöst, weil er sich in die Rechner des Pentagons einklinkt. Es ist heute nicht mehr zu klären, wie maßgeblich dieser Film den schlechten Ruf von Computern zementiert hat.

Johannes wohnte im ausgebauten Speicher seiner Eltern, einigermaßen unbehelligt von pädagogischen Vorschriften, was sich auch darin zeigte, dass er gleich zwei Fernseher hatte. Den C 64 hatte er zu Weihnachten bekommen, und wir saßen nach der Schule vor dem Rechner, der an einen der beiden Fernseher angeschlossen war. Im Hintergrund lief meistens der zweite Fernseher, damit wir was zu gucken hatten, wenn es mal wieder etwas länger dauerte, eine der endlosen Programmierzeilen einzugeben oder wenn der Computer abstürzte, was er nach meiner Erinnerung häufig tat. Die Nachmittage vergingen trotzdem rasend schnell, und wenn montags um 17.50 Uhr Jody Banks durch die Schwingtüren gelaufen war, musste ich zu Hause Bescheid sagen, wo ich war. Dienstags musste ich spätestens bei der Anfangsmelodie von Dallas verhandeln, ob ich bei Johannes abgeholt werden würde oder übernachten durfte.

Der beamtenbraune Computer, wegen seiner Form »Brotkasten« genannt, lud seine Programme von einem extra angeschlossenen Kassettengerät, der sogenannten »Datasette«, was ewig dauerte. Irgendwann bekam Johannes noch ein externes Diskettenlaufwerk, das Geräusche von sich gab wie ein Rasenmäher mit verbogenem

Scherblatt. Es war also immer eine Mischung aus Meditation und Abenteuer, den Computer zum Laufen zu bringen. Wir hatten uns in ein Spiel namens *Summer Games* hineingesteigert, das wir gegeneinander spielen konnten und das im Wesentlichen daraus bestand, kleine, grob an Sprinter erinnernde Spielfiguren durch wahnsinnig schnelles und gleichmäßiges Hin- und Herbewegen des Joysticks ins Ziel zu jagen. Das war regelrecht körperlich anstrengend und ich möchte nicht wissen, wie blöde das ausgesehen hat, wenn wir in wüsten Verrenkungen vor dem Bildschirm saßen und an den Joysticks herumrissen.

In den Augen von nahezu 100 Prozent der Weltbevölkerung war das damals alles Zeitverschwendung. Niemand konnte die Energie der sogenannten »Cracker« verstehen, die Spiele so umprogrammierten, dass jeder sie weiterkopieren konnte und nichts mehr dafür zahlen musste. Nur wenige der Cracker verdienten Geld damit, und die meisten belohnten sich lediglich mit dem flüchtigen Ruhm, dass ihre Tarnnamen wie »Dynamic Duo« oder »Crackboy« mit einer eigens programmierten Grafik im Vorspann der Spiele lief. Es verging eine Weile, bis die Spielehersteller diese Cracker ausfindig machen konnten – um ihnen dann Jobs anzubieten, denn es gab auch noch kaum Programmierer, aber einen boomenden Markt.

Es dauerte nicht mehr lange, bis ich feststellte, dass diese unfassbare Zeitverschwendung sich für mich lohnen sollte. Noch etwa fünf Jahre – bis ich vor einem Buchhalter und einem Zimmer voller Kontenblätter stand sowie vor einem Computer, mit dem niemand umgehen konnte. Der Nutzen, den das alles darüber hinaus hatte, ist heute klar: Ich habe mein Englisch verbessert und ein bisschen Computersprache gelernt. Vor allem aber habe ich vor dem C 64 zum ersten Mal in meinem Leben die Energie entwickelt, mich mit einem Problem so lange auseinanderzusetzen, bis es eine Lösung gab. Ich habe Fachmagazine durchgestöbert, Freunde gefragt, mir immer neue Ideen einfallen lassen, wie etwas funktionieren könnte. Kann ich deswegen so weit gehen, zu behaupten, dass ich vor dem Computer fürs Leben gelernt habe? Ja, unbedingt.

Ich habe gelernt, die Lösung von einem Problem auf ein anderes zu übertragen, und mir eine Denkweise angewöhnt, die darauf beruht, herumzuprobieren, solange ich nichts kaputtmachen kann, und mir auf diese Weise langsam, Stück für Stück, Wissen anzueignen. Mal abgesehen davon habe ich inzwischen ein paar Stunden Lebenszeit wieder wett gemacht, weil ich kaum noch Bedienungsanleitungen lesen muss, auch nicht die daumendicken, die jeder heute zu einem bleistiftdünnen Handy dazubekommt. Denn wer erst mal sicher ist im Umgang mit einem technischen Gerät, hat meistens auch keine Angst vor dem nächsten.

In den achtziger Jahren gab es noch nicht so viele Teenager, die sich mit dem Computer beschäfigten. Er galt als Teufelswerk – die Eltern dieser Generation sind schließlich die 68er, die einen gewissen Technikpessimismus verinnerlicht hatten. Es war eine Reise ins Unbekannte, und die Unwissenheit beschränkte sich nicht auf den Computer. Die Post hatte damals noch das Monopol über Telefonanschlüsse und auch über die Telefonapparate, die in jedem Haushalt standen. Also musste ich als aufgeweckter Teenager lernen, was hinter der Telefonbuchse war, wenn ich mich mit meinen Freunden verbinden wollte. Dieses einmal erlernte Grundverständnis, gepaart mit dem Selbstvertrauen, dass ich es schon hinbekommen werde, half mir auch später weiter, selbst wenn ich mich heute nicht mehr mit jedem technischen Gerät auskenne. Aber sobald ich einen Apparat vor mir habe, kann ich Analogien ziehen, das Wissen vom einen auf den anderen Gegenstand übertragen. Das ist in allererster Hinsicht praktisch. Es ist aber mehr als das. Es entspricht einer umfassenderen Art von Intelligenzbestimmung, als der IQ-Test sie liefern kann.

In der Psychologie bemühen sich die Analysten schon seit Jahrzehnten um eine feinere Bestimmung von Intelligenz als der IQ-Test sie leistet. Eine gute Methode ist »Sternbergs Intelligenztriade«. Robert J. Sternberg, Professor für Psychologie an der Yale-Universität, forscht seit vielen Jahren über Intelligenz, ihre Entwicklung und

Messbarkeit. Seine Triade versucht, verschiedene Aspekte zusammenzubringen.

Sternberg definiert Intelligenz zunächst als Fähigkeit, aus Erfahrung zu lernen und sich an die Umgebung anzupassen.

Er hat in seiner Theorie drei Aspekte von Intelligenz zusammengebracht:

I. Das Verhältnis der Intelligenz zur internen Welt.
II. Das Verhältnis zwischen Intelligenz und Erfahrung.
III. Das Verhältnis der Intelligenz zur externen Welt.

Der erste Punkt ist der Wichtigste: Im Verhältnis der Intelligenz zur internen Welt geht es um den inneren Dialog, den wir mit uns führen, wenn wir ein Problem lösen wollen. Die Frage ist dabei, welche geistigen Operationen erforderlich sind, wenn wir versuchen, etwas zu begreifen und umzusetzen. Diesen inneren Dialog teilt Sternberg noch in drei weitere Komponenten:

Erstens die Metakomponente: alle Denkvorgänge, die bei der Planung, Überwachung und Bewertung von Problemlösungen erforderlich sind. Hinzu kommt, zweitens, die Performanzkomponente: das permanente Prüfen, ob das Lösungsziel schon erreicht ist. Und drittens die Wissenserwerbskomponente: das Lernen und ständige Überprüfung der anderen Komponenten anhand des neuen Wissens.

Dabei ist es erst einmal nicht wesentlich, welches Problem ich lösen möchte, ob es ein wissenschaftliches, ein privates, ein gesellschaftliches oder ein technisches ist. Probleme können klein oder groß, einfach oder schwer sein – wichtig ist, dass ich lerne mit ihnen umzugehen. Um eine Aufgabe intellektuell zu lösen, muss ich laut Sternberg folgende Schritte absolvieren:

- Zuerst muss mir klar sein, wo ich hin will.
- Dann muss ich überlegen, welche Schritte ich ausführen muss, um dorthin zu gelangen.
- Dazu muss ich wissen, wo ich meine Informationen herbekomme.

- Anschließend muss ich sortieren, welche Information wichtig ist, um das Ziel zu erreichen.

Wenn ich mir das Programmieren und Einrichten eines Videorekorders als Denkübung vorstelle und nicht als Belästigung, bin ich schon recht nah dran an Sternbergs Definition. Wichtig oder bedeutend wird es allerdings, wenn das Wissen, das ich erwerbe, und die Fähigkeit, Probleme zu lösen, sich in einen Kontext einbetten.

Neben diesem ersten, dem entscheidenden Punkt, definiert Sternberg zweitens das Verhältnis zwischen Intelligenz und Erfahrung als Kriterium für Intelligenz. Damit ist gemeint, dass alles, was ich im inneren Dialog mit mir selbst lerne, in Zusammenhang gesetzt wird mit anderem, das ich schon gelernt habe. Es geht um das Wechselspiel zwischen dem, was wir uns irgendwann einmal erarbeiten mussten und jetzt automatisiert haben, und dem, was neu hinzukommt.

Beim Lesen beispielsweise muss ein Kind noch jeden einzelnen Buchstaben erfassen, zusammensetzen und den Wortsinn entschlüsseln – wobei der Inhalt manchmal nicht mehr verstanden wird. Ist der Leseprozess aber erst automatisiert, kann der heranwachsende Mensch sich auf Inhalte, auch komplizierte Themen, konzentrieren. Nichts anderes passiert, wenn wir uns mit modernen Medien auseinandersetzen. Zuerst werden wir vom Bildschirm angezogen, als Fenster in andere Welten. Und Schritt für Schritt lernen wir den Umgang mit dem Computer oder dem Fernsehen, können einschätzen, was wir dort vor uns haben. Und schon bald bedienen wir unseren Internetbrowser mit Selbstverständlichkeit oder schalten nach wenigen Sekunden um, wenn wir sehen, dass wir in eine Fernsehsendung geraten sind, die uns nicht interessiert – das erkennen wir schon an der Ausstattung des Studios, der Kleidung des Moderators und ähnlichen Dingen mehr oder minder intuitiv. Wir müssen uns darüber keine Gedanken mehr machen, wir haben diese Fertigkeiten verinnerlicht und sie helfen uns, mit größerer Souveränität unseren Alltag zu gestalten. Bei Videospielen ist es nicht anders:

habe ich erst mal ein paar gespielt, begreife ich die anderen umso schneller und habe meistens keine Berührungsprobleme mehr mit Software.

Als dritten Aspekt ergänzt Sternberg seine Triade noch durch das Verhältnis der Intelligenz zur externen Welt, also zum kulturellen Kontext, in dem sie entsteht und wirkt. Denn genauso wichtig für die Lösung und die Automatisierung von Problemen ist es auch, sich seiner Umwelt anzupassen oder sich ein passendes Umfeld zu schaffen. Das intelligente Handeln muss also immer danach bewertet werden, in welchem Kontext es ausgeübt wird – was für den einen dumm erscheint, kann für den anderen klug sein. Es kann für einen Menschen in seiner Umwelt das Wichtigste sein, Literatur und Kunst zu studieren, während jemand anderes genauso klug wird durch das Erlernen von Computersprachen und das Sehen von Spielfilmen. Die Intelligenz, die wir aus dem einen oder dem anderen ziehen, ist nicht größer und nicht kleiner, wichtig ist nur, dass sie entsteht. Jedes Mal, wenn wir die Triade durchlaufen, trainieren wir unser Gehirn darauf, schneller und präziser neues aufzunehmen. Es ist wie Sport für den Kopf.

Jene Menschen, die nie gelernt haben, mit modernen Medien umzugehen, sind meistens überfordert, wenn etwas nicht so funktioniert, wie es soll. Sie fühlen sich schnell unwohl, vielleicht auch ein wenig dumm, ärgern sich und geben den Computern die Schuld, bevor sie jemanden anrufen, der es besser weiß. Aber je weiter die Verbreitung von Technik im Alltag voranschreitet, desto unangenehmer wird es, zu fragen.

Vor etwa zehn Jahren habe ich in der Redaktion der Zeitschrift *Petra* geholfen, Computer zur Heftproduktion einzuführen. Die Kolleginnen dort hatten in der Mehrzahl keine Ahnung vom Arbeiten mit dem Computer, waren aber nett und klug, und so war es kein Problem, den meisten von ihnen mit ein, zwei Schulungen das Notwendige zu erläutern. Es ging ja auch nicht darum, Maurern Hochseiltanz beizubringen, sondern Grafikern und Journalisten, dass sie weiterhin ihre Jobs ausüben, nur halt nicht mehr mit Schreibmaschine und Kleber. Die Schulungen waren erfolgreich, die meisten Kolleginnen konnten sofort problemlos an den Computern arbeiten, aber das eine oder andere Klischée, das man über die Redaktion einer Frauenzeitschrift im Kopf hat, bewahrheitete sich trotzdem: Eine ältere Kollegin, Emma, die nach eigenem Bekunden in ihrem Leben noch nie vor einem Computer gesessen hatte und auch sonst keinerlei Technikaffinität besaß, dafür aber zwanzig Jahre Redaktionserfahrung, lieferte besonders ulkige Szenen ab. Die Redaktion war über drei Stockwerke verteilt, also mussten wir telefonieren, wenn jemand was vom anderen wollte. Der erste Anruf von Emma, nachdem sie die Schulung hinter sich gebracht hatte, verlief so:

»David, meine Maus geht nicht.«
»Warum denn nicht?«
»Ich weiß es nicht.«
»Hast Du sie eingesteckt?«
»Ja, sie steckt in der Tastatur.«
»Steckt die Tastatur auch im Computer?«
»Ja, die steckt am Computer.«
»Ist der Computer eingeschaltet?«
»Ja, der läuft!«
»Gut, ich komme gleich mal vorbei.«

Das Problem ließ sich wirklich nur beim Draufsehen lösen: Sie hatte die Maus angesteckt, aber noch nicht aus der Verpackung genommen.

Der nächste Anruf kam etwa sieben Minuten später.

»Die Maus macht nicht, was ich will.«
»Inwiefern?«
»Sie bewegt sich, aber nicht in die Richtung, die ich möchte.«
»Ist die Maus dreckig?«
»Nein.«

»Ist das Mauspad verstaubt oder sonst wie schmutzig?«
»Nein.«
»Steckt alles richtig?«
»Ja.«

Der nächste Besuch ergab, dass sie die Maus verkehrt herum gehalten hatte. Die Besuchsintervalle wurden immer länger, und für meine Hilfeleistung hat Emma sich irgendwann nach meinem Geburtstag und meiner Geburtszeit erkundigt und sich wenig später mit der Mitteilung revanchiert, dass ich mir keine Gedanken ums Geld machen müsste, »denn du bist Aszendent Stier, und es ist noch kein Stier arm gestorben«. Ich bin leider immer noch nicht reich, aber Emma kann inzwischen am Computer arbeiten.

Ich war kein Experte für Computer, damals nicht und heute bin ich es noch viel weniger, weil ich nicht mehr die Zeit habe, mich intensiv mit ihnen zu befassen. Ich war nur ein bisschen früher dran, mit einem Medium, das ich heute etwa so gut bedienen kann wie die meisten Journalisten, die selbstverständlich damit umgehen lernen mussten. Aber die Profis, die sich wirklich um die Rechner kümmern, die in Verlagen, aber inzwischen auch in Arbeitsämtern, Arztpraxen, Bäckereien stehen, sind meistens gut bezahlte Spezialisten, von denen niemand behaupten würde, sie hätten nichts im Kopf. Manchmal wirken sie etwas sonderlich und erklären sich mit Fachausdrücken, die ich nicht verstehe – aber das tun Ärzte auch.

Wenn man die Systemtechniker nach ihrer Ausbildung fragt, wird man feststellen, dass die wenigsten das studiert haben, was sie tun. Die Mehrzahl hat es sich erarbeitet, in jahrelangen, permanenten Lernprozessen. Sie haben ein Selbststudium absolviert und verfügen heute, da zumindest die Arbeitswelt im Hintergrund von Rechnern zusammengehalten wird, die weit komplizierter zu bedienen sind als die Computer, die auf den Schreibtischen stehen, über ein Hintergrundwissen, das sie zu gut bezahlten Experten macht. Man kann sich fragen, warum sie sich diese Strapazen auferlegt haben zu einem Zeitpunkt, als noch nicht klar war, dass sie damit einmal ihren Lebensunterhalt bestreiten könnten. Die Antwort lautet häufig: Weil sie es lernen wollten.

Anfang der achtziger Jahre war es nicht nur mühsam und einigermaßen exotisch, sich an einen Computer zu setzen – es war auch unglaublich faszinierend. Denn bis dahin konnte ich mit einem Fernseher nur über den Rand eines Tellers blicken, der mir von anderen serviert wurde. Fernsehen ging an oder aus, laut und leise. Mit den ersten Computern wurde der Bildschirm plötzlich zu einer Fläche für die eigene Fantasie. Man musste keinen Senderchef anrufen, um etwas zu bewirken. Der Computer erlaubte es, in die Schneekugel hineinzugreifen.

Computerspiele sind Sinnbilder dieses Effekts. Sie waren ein unglaublich starker Motor, um die Verbreitung der Technik voranzutreiben. Sie erlaubten es dem Nutzer, selbst die Geschicke auf dem Bildschirm zu steuern, und die Magie dieser Tätigkeit zeigte sich bereits, als die Spiele noch sehr viel schlechter aussahen als die aufwändig gestalteten Millionenproduktionen, die heute für jede Konsole angeboten werden. Auch sie haben uns nicht dümmer werden lassen. Das vermutet man nicht nur, wenn man sich die Entwicklung des Intelligenzquotienten ansieht oder sich mit Sternbergs Intelligenztriade beschäftigt. Das kann man auch in der Praxis überprüfen.

Wie sehr Computerspiele über den Lerneffekt hinaus die Reaktionsfähigkeiten, das räumliche Vorstellungsvermögen und unser Handeln unter Stress prägen, zeigt sich eindrucksvoll in der modernen Chirurgie. Die »minimal-invasive« Chirurgie, also Operationen mit einem kleinstmöglichen Eingriff, ist ein stetig wachsender Bereich der Medizin. Das »Beth Israel Medical Center« in New York hat vor zwei Jahren in einer Untersuchung festgestellt, »dass Videospielen die Koordination zwischen Augen und Hand verbessert, dass Reaktionszeiten schneller werden, ebenso wie die Möglichkeit zu visualisieren und die Fähigkeit sich auf optische Reize zu konzentrieren und räumlich wahrzunehmen«.

Der Direktor der »minimal-invasiven« Chirurgie am »Beth Israel«-Hospital, James Rosser Jr., hatte die Untersuchung in Auftrag gegeben: »Ich hatte immer das Gefühl, dass meine langjährige Erfahrung mit Computerspielen mich besser mit den labraskopischen Instrumenten umgehen ließ.« Bei einem labraskopischen Eingriff werden durch einen winzig kleinen Schnitt in der Bauchdecke eine Kamera, ein kleiner Scheinwerfer und Instrumente eingeführt – die Operation wird am Bildschirm überwacht und gesteuert. »Als ich von einigen Kollegen gehört hatte, dass es ihnen genauso geht, wollte ich genauer wissen, wie beides zusammenhängt.«

Die Studie ergab Folgendes:

Die Untersuchten, die mehr als drei Stunden pro Woche mit Computerspielen verbrachten, hatten eine 37 Prozent geringere Fehlerquote bei der Ausführung von labraskopischen Eingriffen und konnten sie um 27 Prozent schneller ausführen als ihre Kollegen, die nicht spielten. Die Computerspieler machten in 28 Prozent der Fälle weniger Fehler beim Vernähen nach dem Eingriff und waren um 24 Prozent schneller fertig. In den Kursen für das Vernähen von OP-Wunden schnitten die Computerspieler ebenfalls um 40 Prozent besser ab.

Die erworbenen Fertigkeiten sowie die Erfahrung beim Computerspielen zeigten darüber hinaus stärkeren positiven Einfluss auf die Fähigkeiten der Labraskopie-Chirurgen als die Menge ihrer bereits gemachten Operationen oder die Anzahl der Jahre, die sie bereits praktizieren. Computerspiele verschafften ihnen also Belastungsfähigkeit und Routine.

Diese Erkenntnisse zeigen, dass ein Lebensstil, der lange Zeit als schafsdumm und grässlich unproduktiv galt, im Nachhinein legitimiert wird – wie erleichternd. Für die Gesellschaft bedeutet es, dass die Computerkids von gestern inzwischen einen signifikanten Teil der Bildungs- und Leistungselite ausmachen.

Kapitel 3

Die Medieninhalte werden anspruchsvoller – und wir mit ihnen

Eine prinzipielle Denkrichtung der Medienkritik geht vom unmündigen Konsumenten aus. Jeder, der vor einem Bildschirm sitzt, gibt demnach seinen Willen und seinen Geschmack ab und schraubt seine Intelligenz so weit herunter, bis er eins wird mit dem schalen Strom, der ihm entgegenflimmert. Die tatsächliche Entwicklung ist anders. Im Vorfeld der Internationalen Funkausstellung 2006 belegte eine gemeinsame Studie der Universität Siegen, des Fraunhofer-Instituts für Angewandte Informationstechnik und der Fortbildungsakademie Medien, dass durch die fortschreitende Digitalisierung die Fernsehnutzung zurückgeht. Statt der durchschnittlichen 230 Minuten, die in Haushalten ferngesehen wird, sank der Wert in Haushalten mit Internet, DVD-Spieler und Spielkonsole auf 130 Minuten. Menschen, die sich ihr Programm selber machen können, lassen sich nicht mehr in die Schemata der Fernsehmacher pressen.

Helmut Hauptmeier von der Universität Siegen erklärte dazu: »Bei mehreren Hundert Kanälen ist Zapping kein adäquates Mittel, um der Bilderflut zu begegnen. Die Nutzer digitaler Angebote sind darauf angewiesen, sich einen eigenen Zugang zum Programm zu schaffen – und genau das machen sie auch, indem sie verstärkt EPG (einen »Electronic Programming Guide«) und Internet zur Planung einsetzen.« Durch die stetig wachsende Vielfalt werden wir also nicht dümmer – sondern selbstständiger und wählerischer.

Es geht mit der U-Bahn raus nach Brooklyn, in die Gegend, in der die »Brownstone«-Häuser stehen, die ich aus der *Bill-Cosby-Show* kenne. New Yorker ziehen hier hin, wenn sie Familie gründen wollen. Oder wenn ihnen die Mieten in Manhattan zu hoch geworden sind und sie lieber jeden Morgen eine dreiviertel Stunde ins Stadtzentrum fahren. Steven Johnson, 37, muss nicht fahren, denn er lebt vom Schreiben, und das kann er auch von Brooklyn aus.

Die Brownstone-Häuser verströmen amerikanische Gemütlichkeit, sie sind einladend, eine kleine Treppe geht nach oben zum Eingang, neben der Treppe führt eine Tür ins Souterrain. Steven Johnson steht unten an der Treppe, hinter der kleinen Gartentür, und entschuldigt die fünf Müllsäcke, die vor dem Haus stehen. »Das sind die Bauarbeiter, die einfach nur unordentlich sind – nicht wir.« Das Souterrain wird umgebaut, damit er sein Büro dorthin verlegen kann. Momentan liegt es im ersten Stock, aber die Familie Johnson braucht mehr Platz, ein drittes Kind ist unterwegs. Es stehen drei Rechner in Johnsons Arbeitszimmer: Ein Apple Macintosh, auf dem er schreibt, ein PC mit dem er sein Online-Tagebuch bastelt, seinen »Blog«, und ein weiterer, alter PC, »von dem ich auch nicht mehr weiß, wieso er hier eigentlich herumsteht«. Seine Frau ist in der Stadt. Die Kinder schlafen. Ein Kindermädchen wird sich um sie kümmern, falls sie wach werden, bevor das Gespräch beendet ist.

Steven Johnson ist Medienwissenschaftler, ein schlanker Mann mit großen wachen Augen und einem gewinnenden Lachen. Er hat vor zwei Jahren das Buch *Everything Bad Is Good For You* geschrieben, in dem er unter anderem darauf hingewiesen hat, dass Videospiele unser Gehirn trainieren. Er hat eine neurologische Argumentation aufgebaut, die sehr mutig, aber auch sehr zwingend war. Seitdem geht er ständig in Talkshows und zu Fachgesprächen, um Videospiele zu verteidigen. Er ist einer der wenigen in den USA, die das tun, deswegen ist er sehr gefragt in jüngster Zeit.

»Ich habe es nie verstanden, warum kluge Personen wie Hillary Clinton Videospiele für irgendwas verantwortlich machen wollen«, sagt er, »es ist immer dieselbe Argumentation: In den sechziger Jahren war es der Rock'n'Roll, der die Jugend verdarb, heute sind es

Computerspiele. Das muss den Menschen doch selbst auffallen, dass da etwas nicht stimmt.«

In der offenen Küche im Erdgeschoss stehen zwei Apple Powerbooks herum, beide zugeklappt, im Standby-Modus, in Lauerstellung sozusagen. Seit Johnsons Buch ein Erfolg wurde, hat er ein schlechtes Gewissen, weil er selbst nicht mehr so viel spielt. Es fehlen ihm die Zeit und für einige Spiele auch die Geduld. »Ich bin ja nicht mehr zwölf! Die neuen Spiele sind so anspruchsvoll, das dauert Ewigkeiten, um sich da einzuarbeiten. Nur wenn eine neue Version von *Sim City* herauskommt, spiele ich die – ein paar Wochen lang. Es gibt einen Dauerwitz zwischen mir und meiner Frau, wenn ich vor *Sim City* hänge. Sie fragt: ›Steven, kannst Du mir mit den Kindern helfen?‹ Und ich antworte: ›Siehst Du nicht, dass ich hier arbeite? So zahle ich unsere Rechnungen!‹«

Johnsons vierjähriger Sohn ist aufgewacht und kommt die Treppe heruntergetappt. Das Kindermädchen macht ihm einen Kamillentee, und er klappt ganz selbstverständlich eines der beiden Powerbooks auf. Er weiß, welches für ihn bestimmt ist. Er spielt das *Sesamstraßen*-Spiel im Internet, mit seiner Teetasse in der Hand. Er sieht konzentriert aus, wie er da in den Bildschirm starrt, und sein Vater scheint nicht besorgt zu sein. Noch ist Steven Johnson ganz entspannt, wenn sein Sohn am Computer spielt, außer der *Sesamstraße* kennt er ja nichts. »Er kann ja noch nicht mal lesen! Wie soll er sich da auf Pornoseiten verirren? Nein, ich finde es gut, dass er lernt, damit umgehen. In drei, vier Jahren muss ich mich darum kümmern, was er da tut.«

Steven Johnson hat sich lange gewundert, warum Computerspiele einen immer schlechteren Ruf bekommen, obwohl sie immer besser werden. »Seit Jahren konzentrieren sich die Medien darauf, über die Wirkung von Gewaltspielen wie *Quake* zu berichten. Dabei sind in den Verkaufslisten vor allem Sportspiele und Strategiespiele wie Die *Sims*, *Age Of Empires* und *Civilization* ganz vorne, die ihren Spielern intellektuell einiges abverlangen. Und vor die Wahl gestellt, ob ich darüber berichte, dass junge Leute Fangen spielen, in dunklen Gängen wie in *Quake*, oder ob ich darüber schreibe, dass Zwölfjährige Spaß daran haben, sich die hoch komplizierte, von vielen Tausend Faktoren abhängige Wirtschaftsgeschichte der Menschheit zu erarbeiten wie in *Civilization*, finde ich letzteres spannender.«

Johnsons Sohn, erklärt der Vater, wachse ganz selbstverständlich mit der Technik auf. Letztens haben sie gemeinsam vor dem Fernseher gesessen, und der Sohn musste zur Toilette. Also hat er seinen Vater gebeten, auf »Pause« zu drücken. Steven Johnson musste ihm erst mal erklären, wo der Unterschied zwischen Fernsehen, DVD und Computerspiel liegt. Auch das heutige Fernsehen hat in Steven Johnson einen starken Befürworter gefunden.

»Amerikanisches Fernsehen in den siebziger Jahren, Serien wie *Love Boat*, *Dallas*, *Starsky & Hutch* – die haben ihren Zusehern intellektuell nichts abverlangt. Das hat sich geändert. Inzwischen gibt es eine ganze Reihe von Serien, die ganz ausgezeichnet sind: *Lost*, *Die Sopranos*, *24*, *Die Simpsons*.«

Gerade *Lost* ist ein gutes Beispiel dafür, wie dicht die Erzählungen in Fernsehserien inzwischen geworden sind. Da strandet eine Gruppe von Menschen, die sich vorher nicht kannten, nach einem Flugzeugunglück auf einer Insel. In den siebziger Jahren hätte der Regisseur erst mal mit einer Stunde im Flugzeug begonnen. Und die klassischen Figuren eingeführt: hier der nette Ex-Alkoholiker, der sich gerade von seiner Sucht zurück ins Leben kämpft, dort der reiche Typ, der gerade seine Frau verlässt und so weiter. *Lost* aber startet eine Sekunde nach dem Flugzeugabsturz. Die Zuschauer beginnen die Serie also mit fünfzehn Menschen, die fünfzehn Rätsel sind, die sich erst in den kommenden Folgen entfalten. »Die Idee, auf diese Art eine Geschichte zu erzählen – und dass es die erfolgreichste Serie der USA wird –, das wäre früher nicht möglich gewesen. Die Toleranz des Publikums, im Hinblick auf Rätsel und eigenes Mitdenken, ist riesig geworden.«

Johnson vertritt seine These, ohne zu eifern. Er sagt einfach, was er meint, und da er sympathisch ist und sehr logisch argumentiert, folgen ihm auch seine Gegner, anstatt gleich die Kanonen in Position zu bringen, um dagegen zu sein. Auch wenn er die Meinung vertritt, dass sogar Realityshows etwas Gutes abzugewinnen ist.

»Ich glaube nicht, dass Realityshows gut sind. Ich glaube nur, dass sogar der Müll im Fernsehen besser geworden ist. Sie dürfen *Big Brother* ja nicht mit *24* vergleichen, sondern mit dem Müll, der vor 20 Jahren gesendet wurde.«

Dass *Big Brother* irgendetwas Gutes an sich haben soll, ist zunächst schwer nachvollziehbar. Zu deutlich war die Ablehnung durch alle Medien in Deutschland. Zu hart war die Kritik (»Menschenzoo«), die die Sendung zur Einführung begleitet hat. Und tatsächlich war *Big Brother* eine einigermaßen erschütternde Serie, von der im kollektiven Gedächtnis hängengeblieben ist, dass ein Schwachdenker namens Zlatko zum ersten Mal den Namen William Shakespeare hörte und überrascht war, dass der Rest der Welt den Mann offenbar kennt. So viel Dummheit kann schwermütig stimmen, aber mal im Ernst: War das dümmer als das, was vor zwanzig Jahren über den Bildschirm lief? Dümmer als *Traumschiff*, als *Mainz wie es singt und lacht*, als *Cinderella 87*? Nein. Wenn man die flache Fernsehunterhaltung von früher mit der von heute vergleicht, ist es tatsächlich interessanter, *Big Brother* zu sehen. Falls man es nervlich durchsteht. Die Qualitätssendungen sind deutlich besser geworden durch den erhöhten Wettbewerb von über dreißig Fernsehprogrammen. Wir können mehr und bessere Serien, Informationssendungen und Magazine sehen. Das Niveau ist an vielen Stellen gesunken, aber der geistige Anspruch ist gestiegen. Mit einer kreuzlangweiligen und steindummen Detektivserie wie *Trio mit vier Fäusten* müssen die Programmplaner heute keinem Jugendlichen mehr kommen. Der Eindruck allerdings, dass es bergab gegangen ist mit den Fernsehinhalten, hat bei den Überdreißigjährigen eine konkrete Ursache. Sie sind noch mit einem Fernsehprogramm aufgewachsen, das ausschließlich öffentlich-rechtlich war. Ein im Staatsvertrag geregelter Schutzraum, vor den sich jeder setzen konnte, wenn er nur die im gesellschaftlichen Kontext vereinbarten Zeiten einhielt, also zum Beispiel Kinder nicht nach 21 Uhr vor den Fernseher ließ. Bis heute ist im Grunde jeder Fernsehsender einem Auftrag verpflichtet, der sehr klar formuliert ist: »Im Sinne des Staatsvertrages ist Vollprogramm ein Rundfunkprogramm mit vielfältigen Inhalten, in welchem Information, Bildung, Beratung und Unterhaltung einen wesentlichen Teil des Gesamtprogramms bilden.«

Rückblickend war es gut zu wissen, dass die größte Dummheit, die einem aus dem Apparat entgegenschwappen konnte, *Am laufenden Band* war. Der vulgärste Sexfilm *Zärtliche Cousinen* und die schlimmste Gewaltorgie *Der Pate*. Also letztlich alles Produkte mit mehr oder minder hohem Anspruch. Nachts konnten wir ruhen in der Gewissheit, dass der Rest der Deutschen auch kein Fernsehen mehr sehen konnte: weil Sendeschluss war. Und nachmittags saßen die Kinder gefahrlos allein vor dem Fernseher zu Hause, denn es lief entweder gar nichts oder die *Sendung mit der Maus*.

Aber auch damals schon hatte das Fernsehen einen schlechten Ruf. Bundestagspräsident Hermann Ehlers schrieb 1953 im *Spiegel*: »Sah eben Fernsehprogramm. Bedaure, dass Technik uns keine Mittel gibt, darauf zu schießen.« So wie Ehlers das damals neue Medium begrüßt hat, ist es fast immer gesehen worden, völlig unabhängig von den Inhalten, die es ausstrahlte.

Sicher gibt es seit der Einführung des Privatfernsehens mehr Gewalt, mehr Sex, mehr Dummheit zu sehen. Gleichzeitig ist das Fernsehen in den vergangenen Jahren aber klüger, inhaltsschwerer, anspruchsvoller geworden. Und wir mit ihm. Neben den großen Zentren der Unterhaltung und den Marktplätzen des Informationszeitalters – von *Wetten dass ...?* bis zu den *Tagesthemen* –, auf denen wir uns gelegentlich versammeln, um so etwas wie Gemeinsinn zu erleben und zu diskutieren, gibt es ja eine stetig größer werdende Menge an Gassen und Seitenwegen, die ins Museum, in ein Programmkino, in die Bibliothek oder, klar, auch ins Bordell führen. Durch immer mehr Sender ist – allen Kritiken zum Trotz – Programmvielfalt entstanden – sicher auch viel Trash, aber eben auch der Kulturkanal arte. Wären Privatsender nie eingeführt worden, es wären uns Krawallshows wie *Der heiße Stuhl* und Zotigkeiten wie *Tutti Frutti* erspart geblieben. Und ein Sender wie 9 Live gleich komplett. Aber es gäbe eben auch keine Heike Makatsch und keine *Harald-Schmidt-Show*. Wir hätten auf *Spiegel TV* und die Sendungen von Alexander Kluge verzichten müssen.

Den Eindruck, dass Fernsehen dümmer geworden ist oder dumm macht, kann ich zwar nachvollziehen – richtig wird er dadurch jedoch nicht.

Um klüger zu werden, habe ich mir die Mühe gemacht, das alte und das aktuelle Fernsehprogramm zu vergleichen. Dazu habe ich mir Fernsehzeitschriften für zwei Donnerstage vorgenommen: einmal den 13. April im Jahr 2006 und im Vergleich dazu den 19. April im Jahr 1984 – bevor die Einführung der Privatsender die Fernsehlandschaft grundlegend verändert hat. Zur besseren Übersicht habe ich vier Sparten gebildet: Unterhaltung, Information, Spielfilm und Kultur. Die reinen Spartensender wie Phoenix, DSF, Eurosport, n-tv oder CNN habe ich in der Zählung nicht berücksichtigt, weil sie kein Vollprogramm im Sinne des Staatsvertrages anbieten.

In der Sparte »Unterhaltung« habe ich alle Sendungen zusammengefasst, deren erstes Ziel Zeitvertreib ist, die also keinen Bildungsauftrag erfüllen. Das bedeutet dass sich *Sitcoms* wie *Eine schrecklich nette Familie* und *Die Simpsons* hier ebenso finden wie Talksendungen wie die *Oliver-Geissen-Show* – dabei gibt es nicht wenige Menschen, die den *Simpsons* einiges an Geistesbildung zusprechen. Schwieriger wurde es bei Talksendungen wie *Menschen bei Maischberger*, die den Zusehern über die reine Unterhaltung hinaus etwas mitgeben. Hier habe ich mich dennoch für die Sparte »Unterhaltung« entschieden, weil das ihr erster Auftrag ist – und damit mir hinterher nicht vorgehalten werden kann, ich würde zur Stärkung meiner Thesen auch Triviales in die Sparte »Informationssendungen« einfließen lassen, die eine wichtige Rolle spielt: Dort sind streng die Sendungen zusammengefasst, die einen klaren Bildungsauftrag haben: Nachrichten, von den *Tagesthemen* über das *heute journal* bis zur *Abendschau*. Aber auch Sendungen wie *Galileo* oder *nano* und Dokumentationen – allerdings keine Doku-Soaps.

Die »Spielfilm«-Sparte war klar und einfach zu füllen. Wobei hier die Trennschärfe zur Kultur wichtig ist. Unter »Kultur« findet sich nur, was über Kultur berichtet, also kein Fassbinder-Film, sondern *Kulturzeit*, die Live-Übertragung des Coldplay-Konzertes, aber auch die Sendung *Schriftsteller der Welt*.

Die Zählung im Jahr 1984 war naturgemäß einfacher. Hier gibt es nur anzumerken, dass ich Sendungen wie *Videotext für alle*, in der der Gebrauch des neu eingeführten Videotext-Systems erklärt wurde, weggelassen habe, um das Ergebnis nicht unnötig zu verwässern. Die Auszählung ist keine wissenschaftliche Arbeit, der Tag ist willkürlich gewählt, wenn auch einigermaßen repräsentativ. Es geht nur darum, einem Gefühl eine reale Beobachtung entgegenzusetzen. Das Gefühl ist: wir bekommen immer mehr Müll zu sehen. So weit, so richtig. Die Beobachtung ist, dass wir auch immer mehr gute Dinge sehen können.

Das Ergebnis in Minuten, für den jeweiligen Donnerstag:

Information:	
1984: 570 Minuten	2006: 9266 Minuten
Kultur:	
1984: 100 Minuten	2006: 1136 Minuten
Spielfilme:	
1984: 205 Minuten	2006: 3725 Minuten
Unterhaltung:	
1984: 540 Minuten	2006: 14766 Minuten

So eine Zählung hätte ich an jedem anderen Wochentag durchführen können, auch am Wochenende – wo allerdings Großereignisse und eine verstärkte Ausstrahlung von Spielfilmen den Vergleich erschweren. Die Verhältnisse zwischen den einzelnen Sparten wären ähnlich.

Um es nochmal quer zu vergleichen: die Menge der Sendeminuten ist insgesamt von 1415 auf 28893 gestiegen. Wobei der Anteil der Unterhaltungssendungen von knapp 40 Prozent auf etwas über 50 Prozent stieg und der Anteil der Informationssendungen von 40 Prozent auf etwas über 30 Prozent sank.

Der Eindruck, dass immer mehr Leichtes gesendet wird, hat also eine Ursache. Genau genommen wird 27-mal mehr Leichtes gesendet, wenn ich alles, was unter Unterhaltung läuft, als leicht einstufe – gleichzeitig hat sich aber auch die Menge an Bildungsfernsehen, an Informationssendungen versechzehnfacht.

Und es laufen zehnmal mehr Kultursendungen und achtzehnmal mehr Spielfilme – allerdings inklusive Werbeunterbrechungen.

Trotzdem hat sich in unserer Wahrnehmung festgesetzt, dass Fernsehen immer schlechter wird. Und der bisherige Tiefpunkt der Entwicklung war in der öffentlichen Wahrnehmung eben die Realityshow *Big Brother*.

Als die erste Staffel dieser Serie lief, die zugegeben an niedere Instinkte appellierte und das Fehlen von Allgemeinbildung verherrlichte, steigerten sich Politiker, Journalisten, Medienpublizisten und Moralhüter in ein Angstgeschrei, das schon wenige Monate später sehr albern wirkte. Die Show war beileibe nicht so menschenverachtend und stumpf, wie man im Vorfeld gewarnt hatte. Es gab sogar ein bisschen was zu lernen, über die Teilnehmer und über die Menschen an sich. Jeder einzelne Zuschauer konnte Einblick nehmen in die Tiefen der Seele – ohne sich dafür vom Sofa wegbewegen zu müssen. Und es sagt etwas aus über unsere Gesellschaft, dass am Ende nicht der Prolet Zlatko gewann, der Auffälligste im Container, sondern der, der am wenigsten auffiel: der nette John aus dem Osten mit den dicken Ohrringen, an den sich heute keiner mehr erinnern kann. Er war der erträglichste aller Mitbewohner, am wenigsten extrem, das menschgewordene Mittelmaß. Das als »Proleten-Fernsehen« verunglimpfte Format hatte außerdem eine überraschend gute Zuschauerstruktur: 44 Prozent der *Big Brother*-Seher hatten Mittlere Reife, 17 Prozent Hochschulreife oder Abitur. 42 Prozent waren voll berufstätig, der überwiegende Rest Schüler, Studenten, Hausfrauen oder teilweise Berufstätige. Es hingen also nicht nur diejenigen abends vor der Glotze, die ihre Nachmittage an Transformatorenkästen gelehnt mit einer Dose Bier in der Hand verbracht hatten.

Neben dem Angstgeschrei bei Sendungen wie *Big Brother* und der gefühlten Qualitätsabnahme bei Unterhaltungssendungen ganz allgemein gibt es noch einen weiteren Grund, warum der Eindruck des »schlechten« Fernsehens zunimmt: das »gute« Fernsehen wird auf schlechte Plätze verbannt. Vor dreißig Jahren konnte ein Fernsehzuschauer abends um 20.15 Uhr ein klassisches Konzert sehen. Heute erscheint das regelrecht kurios: ein dreistündiges Konzert zur besten Sendezeit. Mit diesem Angebot kam das Fernsehen damals seinem Bildungsauftrag nach; es wurde versucht, auch diejenigen, die sich nicht für Beethoven interessierten, an seine Musik heranzuführen. Dieser Versuch wurde inzwischen flächendeckend aufgegeben. Zu den Hauptsendezeiten läuft immer mehr Quatsch. Wer nachmittags einschaltet, wird wie ein Depp behandelt. Während dieses Buch entsteht, läuft eine Doku-Soap über Zoos. Dort wird gezeigt, wie Elefantendame Hilde gewaschen wird, und gleichzeitig sagt der Sprecher, dass Elefantendame Hilde gewaschen wird. In der nächsten Szene werden die Affen gefüttert und der Sprecher erklärt, wie die Affen gefüttert werden. Wenn ich mich konzentriert vor diese Sendung setze und versuche, zuzugucken, möchte ich mir nach einiger Zeit die Haare büschelweise ausrupfen oder mich hinter den Pupillen kratzen, so irre macht mich das. Es setzt sich nur niemand konzentriert davor – nur ich, weil ich ein Buch darüber schreibe. Für die meisten Konsumenten ist dies Fahrstuhlmusik gewordenes Fernsehen, es begleitet die Hausfrau beim Bügeln oder den Kioskbesitzer beim Plausch mit seinen Kunden. Wie das Radio läuft es einfach im Hintergrund. Und genau deswegen muss es so stumpfsinnig sein: Weil es wie eine Partykonversation jederzeit die Möglichkeit eröffnen soll, sich ein- und ausblenden zu können.

Fernsehen als reine Tätigkeit, »Zapping«, verliert rapide seinen Reiz. Es hat keinen intellektuellen Nährwert und ist schlicht kaum noch auszuhalten. Allenfalls ist es eine Sünde, die ich mir ab und an mal gönne, so wie ich manchmal ohne Einkaufszettel durch den Supermarkt gehe und am Ende nur ungesunden Kram im Wagen liegen habe, schalte ich mich durch die Programme und frage mich: Was will ich hier eigentlich gerade? Selbst das Interessante verschwindet in einem Mahlstrom des gleichzeitig Gesendeten, zwischen Klingeltonwerbung und Ratespielen für Grenzdebile. Der Zuschauer verliert den Überblick darüber, was wann und wo zu sehen ist. Das Einzige was ich aus dieser Erkenntnis lernen kann, ist Abschalten.

Die gegenläufigen Entwicklungen befeuern sich untereinander: einerseits gibt es immer mehr immer bessere Serien und Sendungen zu sehen. Andererseits sind sie immer schwerer zu finden. Als Zuseher bin ich also gleichzeitig verwöhnt, von *Lost* oder der *Harald-Schmidt-Show*, halte es aber immer weniger aus, mir den Quatsch drum herum anzusehen. Oder am falschen Abend, zur falschen Zeit etwas Schlechteres zu sehen. Meine Ansprüche sind gestiegen, meine Geduld ist gesunken. Da hilft nur ein guter Fahrplan, ein Videorekorder (oder besser: ein Festplattenrekorder mit elekronischem Programmfinder) oder ein DVD-Spieler – ich muss mein eigener Programmplaner werden.

In jedem Haushalt mit zwei oder mehreren Bewohnern gibt es pro Woche große Mengen Sendematerial zu verwalten. Etwa 5000 Stunden sind es insgesamt. In den USA stehen bereits etwa 10 Millionen Festplattenrekorder in Privathaushalten, die es den Zusehern ermöglichen, die Sendungen, die ihnen wichtig sind, dann zu sehen, wenn sie Zeit dazu haben, und sich gleichzeitig die Werbeunterbrechungen zu ersparen. Die ersten US-Sender bieten ihre Serien als

»Video-on-Demand« an, die Zuschauer können sich die Folgen also gegen eine geringe Gebühr nach Hause bestellen, dafür werden sie von Werbung verschont und können gucken, wann sie wollen.

Auch der stetig wachsende DVD-Markt und dort vor allem der steigende Absatz von erfolgreichen Fernsehserien – die Zweitverwertung – lässt darauf schließen, dass immer weniger Menschen zu einer festgesetzten Zeit zu Hause sein wollen oder können, um sich dann den Genuss hoch spannender Serien wie *24* durch Werbeblöcke vermiesen zu lassen. Ganz abgesehen von den Online-Tauschbörsen, in denen sich die Technikbegeisterten kostenlos und sehr frühzeitig mit den ihnen wichtigen Filmen und Serien versorgen. Das ist illegal, aber es ist ungeklärt, ob diese Leute nicht in der Mehrzahl auch bereit wären, etwas zu zahlen, wenn die Angebote dafür gut genug wären. Die Entwicklung in der Musikindustrie lässt das vermuten. Das ist einer der Gründe, warum die Sendeanstalten sich mit »Video-on-Demand« auseinandersetzen – sie wollen die Fehler der Plattenindustrie nicht wiederholen. Die hat sich den Möglichkeiten der neuen Medien so lange verweigert, bis sie ihr über die Füße gefahren sind. Erst langsam erholt sich die Branche davon, dass illegales Herunterladen von Musik zum Volkssport geworden ist, weil es so lange keine legalen Angebote gab.

Die Inhalte lösen sich also aus dem Korsett der Sendezeit, der Fernseher wird zum Bildschirm; wir bestimmen selbst, was wir wann zu sehen bekommen. Eine Entwicklung, die den Programmplanern Sorgen bereitet und in den nächsten Jahren zu einem Problem für sie werden wird, denn der Markt der Online-Werbung boomt, während es im Fernsehen gehäuft Sendungen wie *Ich bin ein Star, holt mich hier raus* zu sehen gibt, die zwar eine hohe Einschaltquote haben, in deren Umfeld aber keine seriöse Firma werben möchte. Auch für die Konsumenten bedeuten die Veränderungen zunächst, dass sie noch mehr technische Geräte anschaffen müssen und es weiteres Knowhow zu erlernen gilt. Aber die Belohnung ist eine Abkopplung vom gleichzeitig öden und wirren Strom dessen, was uns nach Hause gesendet wird.

Irgendwann habe ich festgestellt, dass ich mich vor dem Fernseher mehr aufrege als entspanne. Was zunächst nicht dazu geführt hat, dass ich was geändert habe. Aber in dem Maß, wie meine Freizeit knapper wurde und ich immer genauer wusste, was ich wollte, und was nicht, erschien es immer weniger sinnvoll, meinen Alltag auf die Programmschiene von Fernsehsendern einzustellen. Bis Ende der neunziger Jahre war der Samstagnachmittag beispielsweise blockiert. Es gab einen Programmverlauf, der meine damalige Freundin mit *Melrose Place* und *Beverly Hills 90210* köderte und dann das Staffelholz an die Fußballsendung *ran* übergab. Anschließend haben wir noch einen Spielfilm gesehen, dazu haben wir gekocht. Danach haben wir uns mit Freunden getroffen.

Hinzu kamen regelmäßig Boxübertragungen, Formel-1-Rennen, ab und zu den *Tatort* und nachts gerne auch noch ein paar Musikvideos, denn zu der Zeit konnte ich auf MTV noch Musikvideos sehen und nicht nur Klingeltonwerbung. Zwischendurch habe ich gerne herumgeschaltet, gerade nach einem anstrengenden Arbeitstag, um mein Gehirn ein bisschen auszuhängen, um mich unterhalten zu lassen, anstatt mir andauernd über irgendwas Gedanken zu machen. Irgendwann habe ich festgestellt, dass ich zu häufig umschalten muss, um mich zu unterhalten. Meine Durchschaltgeschwindigkeit beschleunigte sich so stark, dass es mir ungefähr so viel Spaß machte, wie Vorspeise, Hauptgang und Nachspeise auf einmal zu essen. Zuerst habe ich die Musiksender nicht mehr ertragen. Dann wurde es mir zu blöd, den ganzen Samstag wegen Fußball am Nachmittag zu Hause zu bleiben. Als Nächstes habe ich überprüft, wie viel Zeit der Fernsehübertragung eines Formel 1-Rennens ich damit zubringe, mir Werbung anzusehen. Formel 1 wurde also ebenfalls gestrichen. Und seitdem die Videotheken auch sonntags geöffnet haben und DVDs anbieten, habe ich mir angewöhnt, lieber einen Film zu leihen, als auf den *Tatort* zu setzen. Als Nächstes flog dann der Fernseher aus dem Schlafzimmer, weil es mich eher nervös machte, vor dem Schlafen noch zu glotzen, als dass es mich beruhigte. Ich habe mich damit abgefunden, dass ich meistens recht schnell über einem Buch einschlafe und dieselbe Stelle am nächsten Abend nochmal nachlesen muss. Inzwischen bin ich ein regelmäßiger Konsument der Fernsehseite in meiner Tageszeitung geworden, weil ich nur dort etwas finde, was mich interessieren könnte – im Fernsehen, per Zufall, finde ich es nie. Tatsächlich bleibe ich nun, wenn ich mir mein Programm aus der Zeitung zusammensuche, recht häufig an arte und 3sat hängen. Und die einzige Sendezeit, die ich noch einigermaßen im Gefühl habe, ist die der Nachrichten.

Wenn mir eine neue »Superserie« aus den USA angekündigt wird, warte ich meistens, bis die ersten Folgen im deutschen Fernsehen laufen, entscheide dann, ob sie mir gefällt, und leihe mir in der Videothek die DVD-Box. So geschehen mit *The L-Word*, mit den *Sopranos*, mit *Lost* und mit *24*.

Die *Sopranos* waren in Deutschland leider nur bei den Kritikern beliebt. Das ZDF setzte die Ausstrahlung nach der dritten Staffel ab. *24* wiederum läuft in Deutschland recht erfolgreich, war aber im US-Fernsehen kein Riesenhit. Gemeinsam ist beiden Serien, dass sie einen Großteil ihres kommerziellen Erfolgs auf einem ganz anderen Markt erzielt haben: als DVDs. Die klugen *24*-Seher haben sich die Serie lieber gleich gekauft und an einem Stück gesehen. Dadurch, dass die Qualität der Serien zugenommen hat, die Zuschauer immer anspruchsvoller werden, das Fernsehen als Sendemedium aber immer unüberblickbarer wird, zahlen viele Konsumenten lieber, als sich auf die Pläne der Programmverantwortlichen einzulassen.

DVDs verkaufen sich in Deutschland inzwischen unglaublich gut: Laut dem Bundesverband Audiovisuelle Medien übertraf der DVD-Markt im Jahr 2005 mit einem Umsatz von 1,69 Milliarden Euro sogar das Kinoeinspielergebnis (745 Mio. Euro laut Filmförderungsanstalt) um mehr als das Doppelte.

Anfang 2006 hatten bereits vier von fünf Bundesbürgern ab zehn Jahren, also knapp 80 Prozent, Zugriff auf mindestens ein DVD-Abspielgerät. Dazu zählen die Nürnberger Marktforscher der Gesellschaft für Konsumforschung (gfk) neben DVD-Spielern und -Rekordern zusätzlich noch Spielkonsolen wie die Xbox und die Sony Playstation 2 sowie Computer mit integriertem DVD-Spieler. In der Altersgruppe der 10–29-Jährigen kann man sogar von einer Vollausstattung mit DVD-Playern sprechen, da die Verbreitung der entsprechenden Abspielmöglichkeiten bereits bei 95 Prozent liegt, ein Ausstattungsgrad, der mit dem herkömmlichen Videorekorder nie erreicht wurde.

Über 6000 neue DVD-Produkte, von einzelnen Filmen bis zu Sammelboxen, kamen 2005 auf den Markt, wovon TV-Produktionen mit 1173 Stück den größten Teil ausmachten. Aktuelle Kinofilme bildeten mit 369 Stück einen eher kleinen Teil, gefolgt von wieder aufgelegten Klassikern und alten Filmen (1030 Stück). Selbst die Veröffentlichungen der Pornofilm-Industrie (1150 Stück), die in der Statistik als »Sonstige« geführt werden, lagen hinter den Serien zurück. Es ist also ein profitversprechendes Phänomen, dass kluge Menschen sich immer weniger mit dem abfinden möchten, was ihnen im Fernsehen vorgesetzt wird. Und es steht im Widerspruch zu den düsteren Prophezeiungen aus den Anfangstagen des Privatfernsehens: dass die Ansprüche sinken würden. Es wird mehr Müll produziert, kein Zweifel, aber es zwingt einen ja niemand, in der Müllkippe nach Nahrung zu suchen.

Interessant ist, dass auch die Entwicklung zum Nicht-egal-was-Fernsehen, zur Verantwortung und Selbstständigkeit und zum klugen Planen und Entscheiden schon wieder Angstgeschrei auslöst. Denn der klassische Informations- und Bildungsauftrag, den wir in Deutschland immer noch mit dem Fernsehen verbinden, wird dabei ausgehebelt. Wer nur noch DVDs oder aufgezeichnete Lieblingsserien anguckt, entzieht sich dem Allgemeinprogramm, also auch der Allgemeinheit. Der autonome Konsument wird nicht mehr zufällig in eine Informationssendung oder eine Sondersendung zur Oder-Flut geraten. Die meisten werden eher zu Spezialisten für eine Serie, zu Fans, die vor allem den Kontakt zu anderen Fans suchen, also zu denjenigen, die eine ähnliche Begeisterung entwickeln. Durch die Abkoppelung vom Sendestrom wird es schwerer, einen gesellschaftlichen Konsens oder auch Diskurs zu entwickeln. Wenn das allgemein zugängliche Fernsehprogramm weniger gesehen wird, kann es auch nicht mehr im gleichen Maße dazu dienen, Menschen zu mobilisieren, um beispielsweise wählen zu gehen oder am Schicksal anderer Menschen in anderen Teilen der Welt teilzuhaben.

Obwohl das Fernsehen uns also nicht dümmer machen kann, gibt es gute Gründe, klügeres Fernsehen zu machen. Denn nur so erfüllt das Medium seinen Bildungsauftrag und wird nicht zum reinen Hintergrundrauschen, das immer weniger Menschen fesselt und damit immer unattraktiver für Werbekunden wird. Am Ende ist das der entscheidende Punkt: Wo kommt das Geld her? Nur wenn Qualität auch lukrativ ist, wird sie produziert. Und wenn ein Optimist die Lage betrachtet, kann er auch in älteren und etablierten Medien erkennen, dass sich die Qualität gerade zum Guten hin ändert.

Auch beim Kinofilm wird vieles besser, was jahrelang nur schlechter wurde. Als 2006 die Nominierungen für die Oscars bekanntgegeben wurden, gab es ein freudiges Raunen, auch in den deutschen Kulturressorts, denn die Nominierten galten fast durchwegs als anspruchsvolle, kluge Filme. *L. A. Crash*, *Brokeback Mountain*, *Capote*, *Good Night and Good Luck* und *München*. Für Nebenrollen und andere Preise wurden unter anderem Darsteller aus den Filmen *Walk the Line*, *Transamerica* und *Hustle & Flow* nominiert. Außer *München* von Steven Spielberg war keiner dieser Filme eine Großproduktion, wie wir sie sonst aus Hollywood kennen. Der gigantomanische *King Kong* wurde nur für seine Effekte belohnt. Der Gewinnerfilm *L. A. Crash* würde in Deutschland sogar als Autorenfilm durchgehen: Ein Film, der eine originäre Geschichte erzählt, durchaus mit literarischem Anspruch. Eine inhaltsgetriebene Produktion, die mit vergleichsweise kleinem Budget entsteht.

Die Oscars waren der neue Höhepunkt einer Entwicklung, die schon seit einigen Jahren anhält: Hollywood konzentriert sich – neben dem weiterhin existierenden Blockbuster-Kino – immer mehr auf intelligente Geschichten und gute Darsteller. Die intellektuelle Qualität des US-Kinos nimmt wieder zu. Ich würde gerne annehmen, dass diese Entwicklung daran liegt, dass die Produzenten wieder Lust am Anspruch bekommen haben, der seit *Star Wars*, der Erfindung des »Merchandising«-Kinos, stetig gesunken war. Aber tatsächlich haben die Produzenten einen anderen Grund für ihren Sinneswandel, und es ist derselbe wie immer: Geld.

Bis Ende der neunziger Jahre hatte sich die Vermarktungsmaschine Hollywoods so eingespielt, dass es genügte, einen großen Namen mit der Verheißung eines noch riesigeren Spektakels zu kombinieren und die Produzenten hatten ihr Geld gesichert. Ein großer Film wurde mit dem Star beworben und bei seinem Start gleich in so vielen Kinos gezeigt, dass er seine Produktionskosten wieder eingespielt hatte, bevor sich herumsprechen konnte, dass er schlecht war. Die Profitarithmetik der Produzenten war also einfach: Lieber 20 Millionen Dollar für Arnold Schwarzenegger ausgeben als 2 Millionen für ein gutes Drehbuch, denn Schwarzenegger zieht in der Werbung einfach besser.

Dann änderten sich mehrere Dinge: Erstens sprach sich durch Informationsbörsen im Internet Kritik immer schneller herum. Websites wie Rotten Tomatoes (www.rottentomatoes.com) berichteten aus den Testvorführungen, und je populärer diese Websites wurden, desto mehr konnten sie schlechten Filmen schaden. Zweitens stiegen die Werbekosten und die Gagen für die Topstars immer weiter, weil ein Filmproduzent den nächsten ausstechen wollte, sodass die Gewinne, die im Kino gemacht wurden, zusammenschmolzen.

Bei großem Investment war also nur noch kleiner Gewinn zu machen, und die Flops häuften sich. Da war es nur logisch, dass die Zahlenfüchse auf die Idee kamen, 100 Millionen lieber in fünf kleine als in einen großen Film zu stecken, um das Risiko zu verteilen. So wurde also plötzlich wieder Geld in ambitionierte Projekte gesteckt, mit einem interessanten Buch, einer guten Idee und der Chance, sie anders zu vermarkten als mit großen Plakaten mit dem Namen eines Stars darauf. Mit den Qualitätsfilmen lässt sich auch ganz anders Geld verdienen als nur im Kino. Denn mittlerweile verdienen die Filmverleiher einen Löwenanteil ihrer Einnahmen in der Zweitverwertung: auf dem DVD-Markt. Die steigende Bedeutung dieser Zweitverwertung erfordert, dass ein Film nicht nur als Bluff funktioniert, sondern langfristig gut ankommt. Niemand zahlt Geld für eine DVD, wenn sich herumgesprochen hat, dass der Film schlecht ist. Mundpropaganda ist wieder wichtig geworden, wichtiger als der Werbedruck. Ein gutes Beispiel für diese Entwicklung ist der Film Memento aus dem Jahr 2000, ein Krimi über einen Mann mit Gedächtnisverlust, der den Mord an seiner Frau aufklären will. Die wichtigsten Dinge, die er sich merken muss, hat er sich auf die Haut tätowiert. Mithilfe von beschrifteten Polaroids versucht er, Freunde von Feinden zu unterscheiden und die Ereignisse zu sortieren, weil er am nächsten Morgen alles wieder vergessen hat. Um diesen Gedächtnisverlusteffekt zu verstärken, wird der Film rückwärts erzählt, beginnt also mit der letzten Szene und endet mit dem Mord an seiner Frau, dem Ausgangspunkt der Geschichte. Die Zuschauer wissen – genau wie die Hauptfigur – nichts von den vorausgegangenen Ereignissen, sie haben genauso wenig Erinnerungen wie der Held. Dafür, dass er mit so einer unglaublich anspruchsvollen und verwirrenden Struktur arbeitete und sich eine komplett neue Erzählform erlaubte, war der Film an den Kinokassen recht erfolgreich. Aber wirklich Geld verdient hat er später als DVD – denn jeder, der den Film im Kino faszinierend gefunden hatte, wollte ihn nachher nochmal auf DVD sehen, um die Szenen, die zuvor chronologisch rückwärts gelaufen waren, in die richtige Reihenfolge zu setzen und zu prüfen, ob sie auch so herum Sinn ergaben. Der Film hielt einer zweiten, einer dritten Betrachtung stand, und das müssen heutige Produktionen insgesamt können, damit sie Geld verdienen. Also lohnt es sich wieder, kluge und haltbare Filme zu machen, die das Publikum auch zwei- oder dreimal sehen kann, ohne gelangweilt zu sein. So wurden auch die ungewöhnlich erzählten Filme von Alejandro González Iñárritu Hollywood-kompatibel. Seinen Erstling *Amores Perros* drehte er noch in Mexiko mit kleinem Budget und unbekannten Darstellern. Sein nächster Film *21 Gramm* war bereits gut finanziert und Sean Penn spielte mit. *Babel* wurde eine Hollywood-Produktion mit dem Superstar Brad Pitt.

Extrem hat sich die Qualitätssteigerung allerdings in einem Medium gezeigt, dem meistens jeglicher Anspruch abgesprochen wird: den Computerspielen. Sie haben in zwanzig Jahren einen ästhetischen und inhaltlichen Sprung gemacht wie kein anderer Zweig der Kulturindustrie. Von Beginn an haben sie die ganze Aufmerksamkeit der Spieler gefordert. Computerspiele waren schon immer ein Medium, dass seine Konsumenten nicht passiv bedient, sondern regelrecht einsaugt in die erfundene Welt, in der sie sich zurecht finden müssen. Am Anfang jedoch waren die Geschichten simpel, die grafische Darstellung an die engen Grenzen der technischen Gegebenheiten gebunden. Und im Grunde ging es bei den Urspielen wie *Pacman* oder *Frogger* nur darum, einen Parcours immer geschickter und schneller zu durchlaufen, bis am Ende ein Highscore stand, der im besten Fall höher war als der vorangegangene Punktestand. Moderne Videospiele sind dagegen so vielschichtig und anspruchsvoll geworden, dass sie sich verhalten wie die *Der Pate*-Trilogie zu den ersten Slapsticks von Laurel und Hardy. Ein heutiges, gut gemachtes Computerspiel führt seinen Nutzer durch eine komplexe Handlung, es verlangt ihm intellektuell mehr ab, als jede Fernsehserie das könnte. Die Spieler müssen der Handlung folgen, Rätsel lösen, ihre Figuren in Stresssituationen lenken, verdeckte Hinweise beachten und lernen, immer besser zu werden. Von einer Spielegeneration zur nächsten werden die Anforderungen hochgeschraubt. Wer vor zwanzig Jahren ein Könner in *Pong* war, wird sich mit den modernen Spielen anstellen wie ein Kettcar-Fahrer, der sich zwanzig Jahre später in einen Formel-1-Wagen setzt. Die Ansprüche und Anforderungen haben so stark angezogen, dass weite Teile der Gesellschaft sie gar nicht mitbekommen haben.

Die vorherrschende Meinung in Deutschland über Computerspiele ist von zwei Dingen geprägt: erstens von den im gesellschaftlichen Konsens verankerten Spielen wie *Pacman* und *Pong*, bei denen die Eltern sich heute zurecht Sorgen machen, wenn die Kinder tagelang davor sitzen.

Zweitens von den sogenannten Ego-Shootern wie *Doom*, *Half-Life* und *Counter-Strike*, die als »Killerspiele« bezeichnet werden, seitdem ahnungslose Politiker sich damit befassen durften. Dabei ist ein interessanter Aspekt an der hysterischen Diskussion, die um diese Spiele geführt wird, dass sie nur einen recht kleinen Teil des Spielemarkts ausmachen.

Nur etwa 4 Prozent des Umsatzes der Computerspiele-Industrie wird in Deutschland mit Titeln gemacht, die ab 18 Jahren freigegeben sind. Das ist schon deswegen bemerkenswert, weil gefühlte 98 Prozent der Berichterstattung in Zeitungen, Zeitschriften und Fernsehen sich auf diese Spiele konzentrieren und das gesellschaftliche Bild über Videospiele und ihre Wirkung insgesamt von diesem Segment geprägt sind.

Dabei reicht ein Blick in die Hitlisten der Verkaufscharts des vergangenen Jahres, um sich das Gegenteil klarzumachen: Die Spitzentitel sind Rollenspiele wie *World Of Warcraft*, Rennspiele wie *Need For Speed: Most Wanted* oder *Gran Turismo 4*, Sportsimulationen wie das Fußballspiel *Fifa 06*, dazwischen Kinderspiele wie *Pokémon* und *Lego Star Wars* und Albernheiten wie das Karaoke-Spiel *Sing Star – The Dome*. Es finden sich auch das Ballerspiel *Half-Life 2*, das Kriegsspiel *Battlefield 2* und das Gruselspiel *Resident Evil 4* auf den vorderen Plätzen – aber sie sind in der Unterzahl. Der uneinholbare Toptitel 2005 waren *Die Sims 2*, die schon im Jahr zuvor über 500 000-mal verkauft wurden, Nachfolger des erfolgreichsten Spiels aller Zeiten, der *Sims*. Harmloser, lustiger, aufwändiger und intelligenter kann ein Computerspiel kaum sein.

Zu den kurzweiligsten Recherchetagen zählten jene, an denen ich mir *Die Sims 2* für dieses Buch erarbeitete. Ich wollte mir ein Bild davon machen, was 6,3 Millionen Computerspieler auf der ganzen Welt am liebsten spielen. Nun, kurz gesagt sind die *Sims* eine »Lebenssimulation« – so bezeichnet es der Hersteller. Das ist ein weiter Begriff. Es findet kein vorgegebenes Spielziel, das ich bei den *Sims* erreichen muss, keine Schlussfanfare. Dafür wird alles gefordert, was ich übers Spielen und über das Leben weiß. Alleine die Einführung in das Spiel, in der ich lernen musste, meine Figuren zu steuern, zufriedenzustellen, soziale Kontakte zu knüpfen und Häuser zu bauen, beschäftigte mich etwa eine Stunde.

Doch dann ging es überhaupt erst los. Ich konnte mir eine eigene Familie basteln, allen Mitgliedern besondere Eigenschaften, Ziele und Wünsche mitgeben, und sie haben sich dementsprechend verhalten. Ich musste auf ihre Ängste und Probleme eingehen: Ist eine Spielfigur arbeitslos, fühlt sie sich schlecht und kann sich nichts leisten. Dusche ich meine *Sims* nicht rechtzeitig und mache ab und zu nicht mal Ordnung, werden sie unleidlich. Außerdem altern die *Sims*. Und nicht alle *Sims* kommen gut miteinander klar, auch wenn ich mir alle Mühe gegeben habe, für Harmonie zu sorgen. Jeder, der Weihnachten mit einer Großfamilie verbringt, kann nachvollziehen, dass es hier reichlich kompliziert wird.

Das Bemerkenswerte an dem komplexen Spiel ist darüber hinaus, dass es keine Levels hat, in die der Spieler sich hocharbeiten, und auch keine Schwierigkeitsstufen, die er einstellen kann. Wie intensiv und wie geschickt er sich mit den *Sims* beschäftigt, bleibt jedem Spieler überlassen – innerhalb eines schier unerschöpflichen Handlungsspielraums. Aber jede Tätigkeit wirkt sich auf die gesamte Spielsituation aus. Wenn der *Sims*-Papa mit dem Babysitter flirtet, wird die *Sims*-Mama sauer. Wird die Party, die man organisiert, ein Flop, kommen beim nächsten Mal weniger Gäste.

Da jeder kleine Eingriff in die Welt der *Sims* zuerst unmittelbare, dann im weiteren Verlauf aber unbegrenzte Folgen hat, kann das Spiel seinen Spielern praktisch gar nicht langweilig werden. Es hat tatsächlich sehr viel mit unserem realen Leben zu tun, schließlich haben sich die Programmierer an der westlichen Welt orientiert, mit ihrem Karrieresystem und Sozialleben, den Hoffnungen und Ängsten der Menschen. Das ist ein entscheidender Grund für den Erfolg der *Sims*: Sie erlauben den spielerischen Umgang mit Themen, die uns im echten Leben manchmal vor Probleme stellen.

Inzwischen werden *Die Sims* schon in einigen Schulen im Fach Sozialkunde eingesetzt. Und das Otto-von-Guericke-Institut für Erziehungswissenschaft hat in einer pädagogischen Analyse der *Sims* von 2005 festgestellt: »In der Spielumgebung sind Ordnung, Sicherheit, Fleiß, Durchhaltevermögen, Aufgeschlossenheit, Politik- und Sozialengagement von Bedeutung. Wer sich hier zurechtfindet, kann besser in der Lage sein, solche Werte und Fähigkeiten bewusst auch in den realen Alltag einfließen zu lassen.« Wer die *Sims* mit Genuss und Verstand spielen will, muss strategisch denken, Ideen haben, Kompromisse aushandeln und sich, was ulkig erscheint, in Pixelfiguren einfühlen können. Der Spieler muss lernen, mit den Finanzen und Ressourcen richtig umzugehen und Prioritäten zu setzen: Schließlich kann er nicht alle Wünsche seines *Sims* erfüllen, nicht alles läuft glatt – wie im echten Leben. Dabei ist das Spiel in gewissem Sinn durchaus moralisch. Wenn ein *Sim* den anderen bestiehlt, fällt das früher oder später auf ihn zurück. Und wenn zwei *Sims* sich prügeln, gibt es üblicherweise keine Gewinner: Beide haben hinterher schlechte Laune.

Das erfolgreichste Computerspiel aller Zeiten ist also moralisch, klug, es fördert seine Spieler in ihren positiven Eigenschaften. Es zwingt zum Nachdenken, Konzentrieren, überlegten und sozialen Handeln. Gleichzeitig müssen die Spieler eine extrem komplexe Welt im Kopf behalten. Sie lernen das Zusammenspiel von Ursache und Wirkung im Kleinen wie im Großen. Würde ein Lehrer einen Vortrag über diese sozialen Zusammenhänge im Frontalunterricht in der Schule halten, würde er damit ganze Klassen in Tiefschlaf versetzen. Die Wissenschaftler des Otto-von-Guericke-Instituts behaupten: »Durch seine spielerische Förderung von Denkvermögen, Kompromissbereitschaft, Toleranz, Kreativität und sozialem Bewusstsein kann die Simulation *Sims 2* dazu beitragen, Kinder und

Jugendliche für eine weitere Integration in die Welt der Erwachsenen zu sensibilisieren.«

Die Sims führen ihre Spieler in ihre Welt, indem sie die Anreize des Weiterkommens immer im richtigen Maß zwischen Versuch und Erfolg halten. Hier liegt das Geheimnis der großen Mehrzahl moderner Computerspiele: immer genau so schwierig zu sein, dass der Spieler sich gefordert fühlt, aber nicht genervt abschaltet. Der Spieler wird bei der Stange gehalten, um den immer vielschichtiger und intelligenter werdenden Handlungen folgen zu können. Selbst die zumeist hoch komplizierte Steuerung durch Fantasiewelten wird spielerisch vermittelt. Die meisten Computerspiele bieten am Anfang nur genau so viele Mittel und Methoden zur Problemlösung an, wie jeder Anfänger begreifen kann. Alles Weitere wird dann im Spielverlauf erworben: durch Versuch, Scheitern, Analyse, Lernen, Neuplanung. Da ist sie wieder: Sternbergs Intelligenztriade. Der innere Dialog, den wir mit uns führen, wenn wir ein Problem lösen wollen. Die Frage, welche geistigen Operationen erforderlich sind, um etwas umzusetzen. Die Planung, Überwachung und Bewertung von Problemlösungen. Das permanente Prüfen, ob das Lösungsziel schon erreicht ist. Und das Lernen und die ständige Überprüfung der anderen Komponenten anhand des neuen Wissens.

Das sind Anforderungen, die alle zuvor genannten Verkaufshits bieten. Egal, ob sie eine komplexe Simulation sind, wie die *Sims*, oder ihre Spieler mit einer unglaublichen Fülle an Ausstattungsmöglichkeiten reizen, wie das Rennspiel *Gran Turismo*. Selbst bei Gruselspielen wie *Resident Evil* werden die Handlungsstränge immer verwobener, die Rätsel immer schwerer zu lösen, wird die Steuerung aufwändiger zu bedienen. Mit den Ansprüchen der Spieler sind auch die Anforderungen der Spiele gestiegen. So wie es einen geübten Leser langweilt, John Grisham zu lesen, wenn er sich einmal in Dostojewski verliebt hat.

Kapitel 4

Die neuen Kommunikationsformen bringen die Menschen näher zusammen

Das Szenario einer Mediengesellschaft sah vor zwanzig Jahren ungefähr so aus: Alle sitzen alleine zu Hause, die Gesichter beleuchtet vom Flackern des Bildschirms. Keiner spricht mehr mit niemandem, selbst Nachbarn haben keinen Kontakt mehr zueinander, weil sich niemand mehr in der Gemeinschaft aufhält. Die Menschen glotzen isoliert dem Ende ihrer Tage entgegen, und was fürs Fernsehen galt, galt für Computer gleich doppelt, denn die absorbieren die Menschen aktiv und lösen sie damit aus ihrem sozialen Umfeld heraus. Es ist immer einfach, es zwanzig Jahre später besser zu wissen, aber jenes Szenario muss man sich noch einmal vor Augen führen, weil es wie die Kulissenstadt in einem Western immer noch den Hintergrund bildet zu vielen Diskussionen, die heute geführt werden.

Es wäre eine schöne Idee für eine Fernsehserie, die Erinnerung des Fernsehens am Potsdamer Platz in Berlin zu beheimaten, dem Ort in Deutschland, wo die Erinnerung so tüchtig niederplaniert wurde, dass die Besucher vor lauter Glaspalästen nichts mehr von ihr sehen können. Das Fernsehmuseum kam nur unter Mühen zustande, weil die Sender es nicht finanziell unterstützen wollten. Es scheint so, als hätten sie kein Interesse daran, die eigene Vergangenheit herzuzeigen. Wer sich in das Museum hineinbegibt, ahnt warum: Herrjeh, wirkt das albern, was wir gestern noch als die größte Erfindung seit dem tiefen Teller angesehen haben. Was war das für ein Geschrei, als *Dallas* nach Deutschland kam! Und tatsächlich, ich habe mal *Knight Rider* im Fernsehen angeguckt! David Hasselhoff – der Typ, die Frisur! Plus: ein sprechendes Auto. Unglaublich, wie schnell Fernsehen verstaubt. Derselbe David Hasselhoff wurde, als Deutschland wiedervereinigt wurde, auf einem Hebekran über die Mauer gefahren und durfte *I've Been Looking for Freedom* singen. So wurden die Ostdeutschen begrüßt: von einem überfönten Amerikaner in zu engen Hosen, der seine Karriere einem sprechenden Auto verdankt. Den Sendeverantwortlichen von damals würde ich heute noch gerne dafür quälen – vielleicht mit täglich einer Stunde *Sarah und Marc in Love*. In gewisser Hinsicht ist Sarah Connor der weibliche David Hasselhoff der 2000er-Jahre geworden: auf sympathisch greifbare Art halbsexy. Genau das, was man in der Dorfdisco gefahrlos anquatschen kann. Und es hat Tradition, dass solche Leute es im deutschen Fernsehen besonders leicht haben. Eine unsichtbare Konsensspirale drückt sie nach oben und speit sie irgendwann auf das *Wetten dass...?*-Sofa, neben Thomas Gottschalk, wo sich dann internationale Topstars über sie wundern. Jedesmal frage ich mich, was Sean Connery wohl von den Deutschen hält, wenn er einen halben Abend neben Veronica Ferres und Dieter Bohlen verbringen muss. Nichts Gutes, fürchte ich.

Das Mittelmaß triumphiert im Fernsehen häufig, weil ein Massenmedium ja vor allem eines sollte: nicht abschrecken. Wenn die Verantwortlichen also immer das ins Fernsehen lassen, was zurzeit irgendwie alle ein bisschen aufregt, aber eben nur ein bisschen, dann erzeugen sie eine Vergangenheit, die irgendwann, wenn wir sie wieder betrachten, eher für Heiterkeit als für Respekt sorgt. RTL hat vieles aus der Anfangszeit des Senders gar nicht archiviert, weil sich damals niemand vorstellen konnte, dass sich jemand in Zukunft für das Praktikantenfernsehen interessieren könnte, mit dem der Sender begonnen hat. Als Gründungsmythos des Senders muss weiterhin *Tutti Frutti* herhalten, auch eine Sendung, die für viel Aufregung sorgte, bevor sich rasch niemand mehr dafür interessierte. Aber immerhin hat sie den Sender ins Bewusstsein der Menschen und in den Mittelpunkt einer öffentlichen Diskussion gebracht.

Das Fernsehmuseum ist gut besucht an diesem Mittwochnachmittag, obwohl es draußen warm ist. Aber der Potsdamer Platz ist wirklich überall hübscher, wenn man sich drinnen aufhält. Kein Wunder, dass hier mehrere Großkinos in 100 Meter Laufdistanz liegen. Das Museum besteht eigentlich nur aus drei futuristisch eingerichteten Räumen. Es riecht nach Elektrik. Gleich rechts, neben dem Eingang, geht es in den »Spiegelraum«, der an drei Seiten mit Spiegeln verkleidet ist, an der Stirnseite aber mit Bildschirmen. Sieht super aus, und die Spiegel sollen wohl so etwas wie Reflektion andeuten. Auf der Bildschirmwand läuft alle vierzig Minuten ein etwas über dreißig Minuten langer Film, der fünfzig Jahre Fernsehgeschichte zusammenfasst. Was in den zehn Minuten zwischen Ende und Anfang des Filmes passiert, kann einem niemand sagen. Vielleicht wird die DVD zurückgespult? Nur weniges bleibt hängen von dem Film, wie ja vom Fernsehen oft wenig hängen bleibt. Aber der Zusammenschnitt funktioniert, so wie Fernsehen oft funktioniert: Er löst ein Gemeinschaftsgefühl aus, gepaart mit Nostalgie. Das Rentnerehepaar aus dem brandenburgischen Umland wird genauso davon erfasst wie die drei Studenten und die kleine Familie aus Schönefeld, die da im Dunkeln zusammensitzen. Alle werden zurückbefördert in die Jahre, in denen das Fernsehen sie und ihre Sicht auf die Welt geprägt hat. Irgendwann taucht Willy Brandt auf in diesem Zusammenschnitt, in einer Talkshow. Natürlich raucht er, während er redet. Dann Helmut Schmidt, dann Franz Josef Strauß, dann Herbert Wehner und so weiter. Sie rauchen und reden und rauchen, und obwohl sie durcheinander reden, frage ich mich sofort, ob die Talkshow-Redaktionen die Gäste nicht wieder rauchen lassen oder sie dazu zwingen sollten – damit sie ab und zu, und sei es nur für den kurzen Moment des Inhalierens, nachdenken, bevor sie sprechen. Aber bis auf Helmut Schmidt sind alle tot, die da gezeigt werden, und das mag auch was mit dem Rauchen zu tun haben. Der Film steigert sich am Ende in ein infernalisches Bilderzucken, aus dem nur noch einzelne, meist alberne Sequenzen herausragen. Die Eindrücke werden immer flüchtiger, je mehr Sender abgedeckt werden.

Aber dann erinnert uns der Film an den 11. September 2001, sofort wissen wir, wo wir saßen oder standen, wer bei uns war, als wir gesehen haben, wie die Flugzeuge in die Türme des World Trade Centers krachten. Das Bild des Fernsehers, auf dem man das Ereignis verfolgt hat, brannte sich ins Gedächtnis ein – mitsamt der Umgebung und den Menschen, mit denen man den Moment erlebte. Die meisten Deutschen arbeiteten, als es passierte, es war ja früher Nachmittag bei uns. Die folgende Nacht habe ich komplett vor dem Fernseher verbracht, obwohl nichts passierte und eigentlich klar sein musste, dass nichts mehr passieren würde, denn es war ja gerade etwas wirklich Schlimmes passiert. Ich wollte mich wohl versichern, *dass* nichts mehr passierte, dass der Rest der Welt in ihrem stabilen, vielleicht manchmal erbarmungswürdigen, aber mir vertrauten Zustand blieb. Ich suchte ein Gefühl der Verbundenheit mit anderen Menschen, die gerade die gleiche Sendung, die gleichen Bilder sahen. Und heute mit mir die gleichen Erinnerungen teilen.

Dieses Gefühl wird in dem Fernsehmuseum noch verstärkt, im zweiten Raum, der eigentlich ein Gang ist. »Zeittunnel« wird er genannt, an seinen Wänden führt eine bebilderte Zeitleiste entlang, und kleine Monitore mit Kopfhörern zeigen große Momente der Fernsehgeschichte. Es sind kollektive Erinnerungen, die wir ohne das Fernsehen nicht hätten. Bilder, die auch denjenigen präsent sind, die geboren wurden lange nachdem die Ereignisse stattgefunden hatten. Der Reichsparteitag von 1937 ist zu sehen, die Krönung Königin Elisabeths II., die erste Mondlandung (wer erinnert sich noch an die zweite? Niemand, denn das Fernsehen hat sie nicht übertragen), der erste Wimbledon-Sieg von Boris Becker, der Fall der Mauer – ohne Hasselhoff – dann doch ein besonderer, ein berührender Moment, das Begräbnis von Papst Johannes Paul II.. Der Lebenslauf des Fernsehens hängt hier, von seiner technischen Entstehung bis zu den großen Momenten, die es uns in die Wohnzimmer gebracht hat – es ist auch der Lebenslauf unserer Gesellschaft. Dass diese Lebensläufe nicht nur von Höhepunkten bestimmt waren, ist leider wahr. Aber wir möchten auf das kollektive Gedächtnis, auf das Wissen, welches uns in die Wohnzimmer gesendet wurde, nicht mehr verzichten. Nicht ohne Grund wurde die Gegend um Dresden, in der zu DDR-Zeiten kein Westfernsehen zu empfangen war, als »Das Tal der Ahnungslosen« bezeichnet.

Am Ende des Zeittunnels führt eine Wendeltreppe nach oben, in den dritten Raum. Hier können die Besucher sich Archivsendungen ansehen. In gemütlichen, modernen, strahlend weißen Rundsofas beamen sie sich zurück in eine Zeit, als das Fernsehen noch Naherholungsgebiet war: noch frei von Einrichtungsshows, Ratesendungen, Werbung. Es gab eine neue Technik der Bildfernübertragung und kaum Bilder, die die Sender übertragen konnten. Also suchten sie sich Veranstaltungen, die sie den Leuten zeigen konnten, die interessant waren, ohne Anstand und Sitte zu gefährden. Das waren der Auftritt einer Opernsängerin oder Ballettaufführungen und Sportereignisse. Es ging nicht darum, das Publikum zu schocken, sondern es zu versammeln. Ziel war, aus einem Ereignis, das vielleicht tausend Leute sehen konnten, eines zu machen, das 100 000 oder Millionen von Menschen sehen konnten. Das Fernsehen kam also in unsere Gesellschaft als Übermittler von Kultur und Information. Die Inhalte waren mehr oder minder mit dem gesellschaftlichen Geschmackskonsens abgestimmt.

Die Grenzen dessen, was gezeigt werden durfte, sind seitdem in jede Richtung ausgeweitet, vielleicht auch überschritten worden. Auch wenn die drei Säulen der Grundversorgung durch öffentlich-rechtliche Sender mit Information, Bildung und Unterhaltung definiert wurden ist der Grundimpuls geblieben: Und der bestand nie darin, die Menschen zu verbessern oder zu erziehen, sondern immer auch, möglichst viele von ihnen vor dem Bildschirm zu versammeln. Wenn das mit *Wetten dass …?* mehr Erfolg hat als mit dem Themenabend auf arte, hat das etwas mit der Gesellschaft zu tun, nicht mit dem Medium.

Dabei ist es jedem selbst überlassen, ob er sich mit der kleinen Gemeinde vor dem Themenabend einrichtet oder lieber mit der großen Gemeinschaft vor der Samstagabendshow sitzt. Es ist eine Vergnügung, wie ins Freibad zu gehen oder aufs Volksfest. Wir begeben uns bewusst in den Strom der Menge und machen uns für ein paar Stunden unindividueller und meinungsloser als wir eigentlich sind: Es bedeutet nicht, dass wir immer in diesem Zustand bleiben wollen, es geht ja auch niemand täglich aufs Volksfest. Dabei gilt für das Fernsehen, wie für fast alle modernen Medien der Satz von Günther Jauch: »Es gibt nichts Demokratischeres als einen Fernsehapparat: Man kann einschalten, umschalten und ausschalten.«

Der Nachteil des Fernsehens ist, dass die Zuseher selbst die Inhalte nicht aktiv gestelten können – aber dafür haben wir ja Internet und Computerspiele. In seinen stärksten Momenten versammelt das Fernsehen so viele Menschen vor sich, dass es zumindest Gemeinsinn stiftet. Der Wert, der daraus entsteht, hat mit der Qualität des Ausgestrahlten nicht immer etwas zu tun – er manifestiert sich nach dem Ausschalten. In den nächsten Tagen, in U-Bahnen, auf Schulhöfen, in Büros, beim Bäcker, auf dem Laufband, im Lehrerzimmer, in den Feuilletons der Tageszeitungen und im Warteraum beim Arzt, wo genau *ein* Thema die Diskussion beherrscht. Ein Thema, zu dem jeder sich eine Meinung bilden, diskutieren, abwägen, ins Gespräch kommen kann. Der Fernsehapparat funktioniert in diesen Momenten wie ein großes Lagerfeuer, um das wir nicht mehr alle herumpassen, weil wir zu viele sind und zu weit auseinander wohnen. Er verbindet uns. Dieser Lagerfeuereffekt wird von *Wetten dass ...?* bis zu *Deutschland sucht den Superstar* erzeugt und befriedigt ein Bedürfnis, das sich in der Langzeitstudie von ARD und ZDF über Nutzungsmotive des Fernsehens niederschlägt: 65 Prozent der Befragten geben an, das sie fernsehen, »damit ich mitreden kann«.

Dieser Effekt funktioniert auch umgekehrt, wenn ich zum Beispiel meinen Fernseher als Maßnahme zur Geistesschonung abschaffe oder eine der großen Konsensshows verpasst habe. Als die erste Staffel von *Deutschland sucht den Superstar* lief, war ich im Ausland. Ich kam zurück in ein Land, das Dieter Bohlen, den menschgewordenen Stammtisch, plötzlich für cool hielt. Selbst kluge Freunde trafen sich am Samstagabend in Gruppen, um zwei ausgesprochen unbegabten Moderatoren auf der Suche nach einem richtigen Satz zuzusehen. Michelle Hunziker sollte offenbar dokumentieren, dass Frauen, egal wie behämmert sie sind, trotzdem ins Fernsehen dürfen, wenn sie hübsch aussehen. Von der anderen Knallcharge bin ich immer noch so erschüttert, dass ich seinen Namen nicht in meinem Buch stehen haben möchte, auch nicht in einem negativen Kontext. Meine Freunde machten sich einen Riesenspaß daraus, für Daniel Küblböck anzurufen, damit der arme, talentlose Junge sich noch eine weitere Folge vor der Nation herabwürdigen musste, und ich dachte immer nur an meine Tante, die als Grundschullehrerin arbeitet, und an die vielen anderen Lehrer im Land, die am Montag in den Klassen wieder sagen mussten: »Nein, das reicht nicht, wenn ihr nur so schlecht Deutsch könnt wie die Michelle Hunziker, auch wenn die damit ihr Geld verdient. Außer, euch wachsen auch mal so schöne Brüste, wenn ihr groß seid.«

Dieter Bohlen, den ich mir als erzieherisches Vorbild nun wirklich nicht wünsche, erklärte den Teenagern die Welt, und ich hörte mich plötzlich an wie mein eigener Großvater, wenn ich vor dem Fernseher saß und meinen Freunden den Spaß verdarb mit moralinsauren Bemerkungen wie: »Was ist das denn für ein Signal, wenn die Kids jetzt den Küblböck sehen und denken, man muss nicht arbeiten *und* braucht noch nicht mal Talent, um reich zu werden?« Ich hatte das Prinzip der Show nicht verstanden, weil ich den Anfang nicht mitbekommen hatte und die ganze Sache dadurch zu ernst nahm. Ich hatte verpasst, dass es das Wesen der Sendung war, ruhmsüchtige Jugendliche in der Öffentlichkeit vorzuführen – es war ein Comedy-Format.

So blöde mir die Sendung vorkam, wegen der hilflos agierenden Teilnehmer und einem Bewertungssystem, das an unsere niederen Instinkte appelierte, so sehr hat die Show doch gezeigt, das die Zuschauer inzwischen weitgehend darüber aufgeklärt sind, wie sie manipuliert werden sollen. Das Prinzip der von Produzenten zusammengestellten Bands existiert fast so lange, wie es Popmusik gibt. Schon die Monkees waren den Beatles nachmodelliert. Auch Boybands sind schon vor Take That gecastet worden, ein frühes

Phänomen waren in Deutschland die Teens. Immer wurde den Konsumenten die Illusion vorgegaukelt, hier hätten sich ein paar junge Menschen gefunden, die nun zusammen musizieren und völlig überrascht und überwältigt von ihrem Erfolg Interviews geben, in denen sie sich fortwährend bei ihren Fans bedanken – obwohl das alles am Reißbrett geplant war. *Deutschland sucht den Superstar* hat also das einzig Richtige getan, was man in einer aufgeklärten Mediengesellschaft tun kann: Es zeigt ein Stück Wahrheit. Die Sendung setzt die Zuschauer mit ans Reißbrett. Denn die Konsumenten sind vielleicht noch beeinflussbar, aber sie können nicht mehr für dumm verkauft werden, die kommerziellen Motive sind offengelegt.

Es war meinen Freunden also klar, dass sie sich unter ihren Möglichkeiten unterhalten ließen und dass es hier nicht um Musik, sondern um Show ging. Die Teilnehmer waren darüber informiert, dass sie sich für ihre fünfzehn Minuten Ruhm quälen lassen mussten. Die Zuschauer wussten, welcher Mechanismus bedient wurde, es war vielleicht ein bisschen grausam, aber nicht manipulativ und schon gar nicht gefährlich. Und es war ein Gemeinschaftserlebnis, wie es nur das Fernsehen erzeugen kann – ins Unendliche erweitert durch Fan- und Hass-Sites, Blogs und Foren im Internet. Am Montag in den Büros schämten sich alle pflichtschuldig ein bisschen, diesen Unfug gesehen zu haben, um sich dann lustvoll darüber auszulassen. Nach zwei Sendungen machte ich fröhlich mit, gab mich dem Gemeinschaftsgefühl hin, nicht ohne weiter vor mich hinzuleiden, wenn der deutschen Sprache wieder Gewalt angetan wurde. Mit wem hätte ich sonst Mitleid haben sollen – mit Daniel Küblböck?

Auch am Rosenthaler Platz in Berlin entsteht ein Gemeinschaftsgefühl. Auch hier blicken alle auf einen Bildschirm, aber nicht auf das gleiche Programm, sondern jeder in sein eigenes Universum. Im Café St. Oberholz gibt es leckere Sandwiches, eine gute Suppe, eine Inneneinrichtung, die jemand auf Flohmärkten zusammengekauft hat und ein »W-Lan-Netzwerk«. Der Laden lief nicht gut in den

Jahren, bevor das St. Oberholz aufmachte, aber angeblich verkehrte ganz früher hier sogar Alfred Döblin, als er *Berlin Alexanderplatz* schrieb – der Alexanderplatz liegt ja auch nur einen Kilometer entfernt. Inzwischen brummt das Café, sicher auch, weil es gratis Online-Anschluss zum Milchkaffee gibt. Bereits ab Mittag sitzen junge Leute mit Trendfrisuren im St. Oberholz und lassen sich vom fahlen Licht ihrer Bildschirme anleuchten, es läuft nette Musik, die Milchschaumdüse faucht ohne Unterlass. Ein bisschen Wiener Caféhaus-Atmosphäre, weil die Zeit keine Gültigkeit mehr zu haben scheint und die Besucher das Gefühl haben, in einer Kommunikationszentrale zu sitzen. Das Komische ist, dass all die Menschen hier mit anderen Menschen verbunden sind, die eben gerade nicht um sie herumsitzen, sondern irgendwo anders auf der Welt. Ein postmodernes Dorfgefühl entsteht, das überspringt: vom virtuellen Universum, in das die Leute starren, hinein ins Café. Die Besucher fühlen sich verbunden mit der Welt, manchmal können sie, wenn zum Beispiel jemand seine MP3-Musikdateien für alle anderen freigegeben hat – und das haben die Leute im St. Oberholz fast immer – die Musiksammlung der anderen durchstöbern. Sowas mache ich normalerweise, wenn ich zum ersten Mal zum Essen bei jemandem eingeladen bin und in einem unbemerkten Moment Gelegenheit habe, die CD-Sammlung zu durchstöbern – um mir ein genaueres Bild vom anderen zu machen. Ich finde das schon recht intim.

Obwohl alle mit dem Rest der Welt verbunden sind, entsteht Nähe, eine Gemeinschaft. Das äußert sich auch dadurch, dass die Besucher sich überdurchschnittlich oft ansprechen. Und wenn es nur ist, weil jemand anderes Probleme hat, ins Netz zu kommen oder sie gebeten werden, mal kurz auf einen Computer aufzupassen. Oft entstehen Gespräche daraus, weil im St. Oberholz, wie im ganzen Bezirk Mitte, ohnehin fast nur Menschen unterwegs sind, die woanders herkommen. Sie sind gemeinsam Fremde in Berlin. Sie halten per Mail Kontakt mit der alten Heimat, und finden Kontakt in der neuen oder vorübergehenden Heimat. Das ist das Gegenteil dessen, was prognostiziert wurde, als Computer aufkamen.

Niemand ist isoliert oder schottet sich ab. Die Ortlosigkeit, so schwer sie uns das Leben in der realen, globalisierten Welt zu machen scheint, ist eine Stärke des Internets. Mit zwei großen Vorteilen: Erstens können wir uns unsere Bekanntschaften und Freunde suchen, wo immer wir wollen. Zweitens können wir Freundschaften und Bekanntschaften pflegen, wo immer es uns hin verschlägt.

Meine Familie hat sich in den vergangenen Jahren verstreut. Ein Teil lebt in Freiburg, meiner Geburtsstadt, meine Mutter lebt in Wien, meine Tante in Salzburg, ein Cousin ist nach Köln umgesiedelt, der andere nach New York, ich bin nach Berlin gezogen. Seit ich denken kann, treffen wir uns einmal im Jahr, zu Weihnachten, in Freiburg. Üblicherweise versuchen wir, rasch zum gemütlichen Teil des Abends überzugehen, der darin besteht, überbackenen Toast zu essen, schrecklich viel Wein zu trinken und sich gegenseitig zu erzählen, was jeder so gemacht hat im vergangenen Jahr und wie es allen so geht.

In den vergangenen Jahren hat sich allerdings etwas verändert. Wenn wir uns Weihnachten alle begegnen, müssen wir nicht mehr dort anfangen, wo wir ein Jahr vorher aufgehört haben. Und das hat einen Grund: E-Mail. Seitdem auch meine Mutter und ihre drei Geschwister, alle so um die sechzig Jahre alt, sich mit Computer und Internet auseinandersetzen, hat sich eine neue Familienkommunikation entwickelt. Eigentlich sind alle einigermaßen über die Lebensumstände der anderen informiert. Mein Patenonkel schreibt oft einen Bericht, wenn er den Sommer über in seinem Ferienhaus im französischen Bages war. Ich maile mit meiner Mutter, weil wir beide in unseren Redaktionen sitzen und manchmal keine Zeit zum Telefonieren haben. Wenn ich meinen Cousin in New York besuche, wie vergangenes Frühjahr, schicke ich einen kleinen Reisebericht an die Verwandtschaft. Als ich zwei Wochen später mal wieder bei meiner Oma anrief, war ihre erste Bemerkung, wie sehr es sie gefreut habe zu hören, dass ich bei meinem Cousin in New York war und dass es ihm dort offenbar gut gehe. Mein Onkel hatte ihr die Mail vorgelesen.

Dabei ist es nicht so, dass diese Mails eine andere Kommunikation ersetzt hätten. Wir sind alle keine großen Briefeschreiber, bis auf meine Oma, und wir wären es auch nicht mehr geworden. Die Männer in der Familie haben obendrein die Angewohnheit, wenn sie sich anrufen – was selten genug vorkommt – Gespräche zu führen, die nicht länger als zwei Minuten dauern. Das Telefon ist einfach das falsche Medium, um zu erzählen, es dient der Informationsübermittlung. Wenn ich im Leben der Anderen nicht so stark integriert bin, habe ich keine Ahnung, zu welcher Zeit ich am besten anrufen sollte, um nicht zu stören. Also beschränke ich mich am Telefon auf das Notwendige. Oft kommt mir zwischendurch nur ein Gedanke oder eine Erinnerung, die ich teilen möchte. Dafür wäre ein Brief zu viel. Eine SMS ist in dem Fall genau richtig.

Mein Cousin in New York und ich teilen eine gemeinsame Leidenschaft fürs Profi-Boxen. Jeder Fan kennt das: Wenn er sich nicht mit anderen Fans trifft, kann er seinem direkten Umfeld nicht immer mit seinem Lieblingsthema zur Last fallen. Wenn mein Cousin und ich uns also treffen, freuen wir uns immer auch darauf, ausführlich über die internationale Profi-Box-Szene, über Kämpfer, Kämpfe, Kampfrekorde und ihre Geschichte zu reden. Wir waren Weihnachten 1990, am zweiten Weihnachtsfeiertag, sogar gemeinsam in *Rocky 5*, wissend, dass es ganz großer Käse wird – aber Fans lassen sich nun mal von Argumenten nicht beeindrucken. Inzwischen haben wir mit E-Mail das optimale Instrument gefunden, um unsere Begeisterung zu teilen, ohne unsere Umwelt zu belasten.

Vergangenes Jahr schrieb er mir fassungslos, dass die Dreharbeiten für *Rocky 6* begonnen hätten (»Für sechzig sah Stallones Waschbrett im Trailer noch recht beeindruckend aus! Dennoch erschreckend, dass er sich das antun muss …«) Ich konnte ihm berichten, dass Axel Schulz in Deutschland gerade sein Comeback plante (»Der denkt sich, die ein oder andere Wurst, die heute Schwergewichtsweltmeister ist, könnte ich schlagen. Die Box-Szene ist ihm sozusagen im Niveau entgegengerutscht.«) Er überschreibt seine

Mails, die er mir abends schickt, bevor er das Büro verlässt, manchmal mit »Guten Morgen«, weil er weiß, dass ich sie morgens lesen werde. Ein Sieg über die Zeitverschiebung.

Ähnlich ist Mail-Kommunikation, wenn meine Mutter an einem Musikgeschäft in Wien vorbeiläuft und schreibt, dort Klaviernoten für mich entdeckt zu haben (»Du mochtest doch Wolfgang Ambros gerne?« »Ja, stimmt, auch wenn ich heute nicht mehr damit angeben würde.«). Oder wenn ich einen Besuch bei meinem Patenonkel in Bages plane und er mir meine Zugtickets ab Paris im Internet bucht (»Lieber David, im Moment bin ich sehr stolz auf mich! Ich kann es nur fast nicht glauben, dass ich alles richtig gemacht haben soll. Schicke Dir die ausführlicheren Bestätigungen noch per Post.«). Drei Tage später hatte ich die Zugtickets im Briefkasten.

Wir teilen ein bisschen Alltag miteinander, und das ist am wichtigsten, um Nähe aufrechtzuerhalten – genauso wie sich gute Freunde irgendwann nicht mehr daran erkennen, was sie sagen, sondern daran, dass sie auch miteinander schweigen können. Diese Art der Kommunikation hat für unsere Familie zwei Effekte: Erstens stellt sie Vertrautheit her, gibt allen die Sicherheit, dass alle anderen noch da sind. Zweitens macht sie aus der Familie eine Art Korrespondentennetz mit Vertretern in Berlin, Wien, New York, Köln, Salzburg und Freiburg.

E-Mail hat sich als Kommunikationsmedium zwischen den Brief und das Telefonat gekuschelt. Dabei nimmt es den beiden anderen Medien nichts, es addiert nur etwas. Das merke ich vor allem dann, wenn ich kleine Bilder oder Verweise mitschicke, weil ich den anderen auf etwas aufmerksam machen will, das ihn interessieren oder amüsieren könnte. Dabei ist der größte Vorteil der Mail ihre Geschwindigkeit im Vergleich zum Brief und gleichzeitig ihre Verzögerung im Vergleich zum Telefonat: Sie ist schnell da, muss aber nicht sofort beantwortet werden. Ich muss mich nicht augenblicklich mit ihr befassen, sondern kann auf einen passenden Moment warten. Aus diesem Grund hat sie sich nicht nur im Privatbereich, sondern auch im Berufsleben als wichtiges Kommunikationsinstrument etabliert. Auch wenn es bei Letzterem nicht immer zu mehr Gemeinschaft führt – dafür kann es einem Konferenzen ersparen. Menschen im Büro schreiben sich Dinge, die sie sich fast schon zurufen könnten. Die Mail kann ein Merkzettel sein (»Denkst Du bei Gelegenheit mal dran, mir die Zusammenfassung der Montagskonferenz zu schicken?«), eine kurze Notiz (»Habe nochmal nachgedacht, rote Lettern wären doch besser fürs Logo«) oder eine lockere Verabredung (»Kommst Du mal zu mir rüber, wenn es bei Dir passt?«). Sie drückt eine freundliche Störung aus, drängt sich nicht auf wie ein Gespräch, sondern klopft an, bevor sie Aufmerksamkeit will.

Täglich werden weltweit etwa 31 Milliarden E-Mails verschickt, geschätzte 40 Prozent davon sind Spam-Mails, also Werbung, die niemand will und niemand braucht. Aber es bleiben immer noch 18,6 Milliarden Kontakte. Durch das Bullauge auf unseren Schreibtischen blicken wir in ein Meer, das übersät ist mit Flaschenpost.

E-Mail-Kontakt allein ist noch nicht alles an digitalem Verbundenheitsgefühl. Bereits 2003 waren die Deutschen mit 25 Milliarden gesendeten SMS Europarekordhalter im Versenden von Kurzmitteilungen über das Handy. Das sind, rein rechnerisch, 68 493 150 am Tag. Solche Zahlen freuen Robert Conway, Geschäftsführer des internationalen Mobilfunkverbandes GSM: »Heutzutage ist die visuelle Textnachricht so stark und beliebt wie Gesprochenes.« Damit hat er gleichzeitig Recht und Unrecht. SMS ist wie E-Mail erst mal ein Schlampigkeitsmedium. Die 160 Zeichen, die eine Mitteilung lang sein darf, zwingen zu einer gewissen Sparsamkeit. Gerne wird alles kleingeschrieben, aus Eile oder weil der Absender sich mit der Schreibweise nicht so sicher ist. Interpunktion geht dabei meistens verloren.

Im Allgemeinen gilt ein handgeschriebener Brief als persönlicher. Das stimmt insofern, dass er die Mühe dokumentiert, die der Schreiber sich gemacht hat. Aber auch SMS sagen etwas über unsere Person aus, hier hat sich eine völlig neue Bandbreite des Kommunizierens etabliert. Neben Verabredungen, Geburtstagswünschen, Neujahrsgrüßen hat sich SMS vor allem als Flirtmedium durchgesetzt. Dieses unverbindliche Senden einer zweideutigen Nachricht ist wie ein digitales Zwinkern. Eine distanzierte Verbundenheit, die dem anderen den nächsten Zug überlässt.

Flirten per SMS hat, vor allem bei Jugendlichen, komplett neue Körperhaltungen hervorgebracht. Oft kauern sie nebeneinander und konzentrieren sich auf einen kleinen Handybildschirm. Die Uneindeutigkeit des Dialogs kann jedoch – so reizvoll sie auch sein mag, wenn die Beteiligten alles noch offen und gleichzeitig alles für möglich halten – schnell zu Unfällen führen, wenn es klare Absprachen braucht. Mal ganz abgesehen davon, wie viel Untreue schon aufgeflogen sind, weil sie zu blöd oder zu eitel waren, per SMS gesendete Liebesbekundungen zu löschen. Moderne Singles erkenne ich daran, dass ihr Handy laufend brummt und sie fast blind eine SMS tippen können.

Persönlich habe ich einen der nettesten Dialoge überhaupt per SMS geführt, mit meiner Freundin, als noch nicht klar war, dass sie meine Freundin werden würde. Es war in der Phase, in der wir uns so oft wie möglich sehen wollten, uns aber nicht trauten, das offen zu formulieren, damit es sich nicht nach einer Forderung anhörte. Eines Abends waren wir jeweils mit anderen Freunden verabredet, es war also klar, dass wir den Abend getrennt verbringen würden. Es war aber auch klar, dass wir die ganze Zeit nur daran denken würden, ob wir uns später noch sehen könnten. Mein Abendessen näherte sich dem Zeitpunkt, an dem es nicht mehr unhöflich erschien aufzubrechen. Und ich hatte die ganze Zeit schon darüber nachgedacht, ob es wohl aufdringlich sei, mich gleich wieder, nach wenigen Stunden bei ihr zu melden. Es strömte also große Gefühlsaufwallung in meinen Daumen, als ich alles Wichtige so knapp wie möglich formulierte: »?«.

Sie antwortete, sehr schnell und ebenso präzise: »!«.

Eine Viertelstunde später stand ich vor ihrer Tür.

Wem aber das ganze Gemaile und Gesimse zu viel wird, wer darunter leidet, dass er immer erreichbar sein soll und erst einmal entdeckt hat, dass Mails doch die Verpflichtung mit sich bringen, antworten zu müssen, der kann sich das Leben leichter machen, indem er einfach nicht zurückschreibt. Das Gute an den neuen Kommunikationsformen ist, dass sie sich selbst befeuern, aber auch ablöschen. Wer nie auf Nachrichten reagiert, wird nach kurzer Zeit kaum noch welche bekommen. Wer nie per Handy zu erreichen ist, wird nicht mehr angerufen.

Eine Freundin von mir, die ich nur erreichen kann, indem ich ihren Lebensgefährten anrufe, hat kürzlich ihr Handy verloren. Dass ihr das selbst erst nach zwei Tagen aufgefallen war, ist schon kein Zeichen für erhöhte Kommunikationsbereitschaft, dass sie dann nochmal zwei Tage danach suchen musste, zeigt, wie wenig ihr das Handy fehlt. Als sie es schließlich im Auto fand, war sie kurz ein wenig aufgeregt, weil sie »1 Anruf in Abwesenheit« bekommen hatte. Als sie die Nummer zurückrief, war ihr eigener Anrufbeantworter dran – sie hatte zuvor ihr Handy von zu Hause aus angerufen, um es mit dem Klingelton zu finden. Schattenboxen im Informationszeitalter.

Es ist eine logische, aber rückblickend überraschende Entwicklung, dass die neuen Techniken am Ende alle ein Ziel haben: uns näher zusammenzubringen. In den siebziger Jahren hatte sich die Meinung etabliert, dass Fernsehen uns isoliert und verdummt. Später wurde diese Haltung auf Computer übertragen. Dann folgte das Internet, dann Handys, und inzwischen haben sogar Spielkonsolen einen Online-Anschluss, weil die Hersteller von Informationstechnik begriffen haben, dass ihnen ein menschliches Grundbedürfnis hilft, Geräte und Software zu verkaufen: Gemeinschaftserlebnisse. Das ist deutlich zu sehen auch an der Entwicklung des Internets: Vor allem wenn wir beobachten können, dass immer mehr erfolgreiche Angebote nicht von großen Firmen mit kommerziellen Interessen stammen, sondern von den Benutzern, Lesern, Fans und Freunden, die sich im weltweiten Netz herumtreiben. Große Medienkonzerne haben riesige Summen ausgegeben, um Angebote zu schaffen, die Menschen an sie binden sollten. Aber was die Menschen am meisten interessiert sind: andere Menschen.

Sie wollen wissen, dass sie mit anderen verbunden sind, dass da draußen jemand ist, der ihnen nahe ist oder zumindest nahe sein könnte. Das kann spielerisch funktionieren, wie bei einer Spielkonsole, wo ich mir inzwischen weltweit Gegner für ein Autorennen aussuchen kann – mit dem Risiko, dass mich ein Zwölfjähriger abhängt, den Jahre von einem Führerschein trennen. Es kennzeichnet auch den Erfolg der Rollenspiele wie *World of Warcraft,* dass man sie in größeren Gruppen spielen kann. Am mächtigsten ist dieser Sog hinein in die Weltgemeinschaft sicherlich im Chat – seit Beginn ein wichtiger Motor für die Verbreitung des Internets. Ich kann auf der ganzen Welt Leute kennen lernen, wenn ich will. Dabei gehe ich kaum das Risiko einer Zurückweisung ein, kann mir das Themengebiet auch noch selbst aussuchen – und ich bleibe anonym. Ich kann mir auch eine Schein-identität zulegen. Es gibt einen bekannten Cartoon aus der Anfangszeit des Chattens, als es populär wurde, Erotik-Chats zu betreiben: Dort sitzt ein schmerbäuchiger, unrasierter Rocker vor einem Bildschirm und tippt in die Tastatur: »Jetzt öffne ich langsam meinen BH.« Wir können uns im Chat in fantastische Gespräche begeben, die – je nach Befindlichkeit und Neigung – unbegrenzt sind. Wir sind nicht mehr an die Ketten des gesellschaftlichen Konsens gelegt, können uns über unser Hobby genauso lange auslassen wie über unsere perversen Abgründe – außerhalb des Internets eher keine gute Idee. Wir können uns sogar verlieben. Es entsteht eine neue Freiheit, weil wir uns hinter einem Spitznamen, einem Pseudonym oder einer Scheinidentität verstecken können, dadurch sind wir weniger angreifbar. Auf jeden Fall bin ich nie ganz ich selbst, wenn ich chatte, ich bin immer nur der Teil von mir, den ich herzeige. Das führt auch dazu, sich Hals über Kopf in sich selbst zu verlieben. Denn wir bewegen uns in Chat-Räumen oder Internetforen nur gemäß der eigenen Stimmung. Ich dehne meine

Befindlichkeit aus, trage dabei aber keine Verantwortung. Ein Klick reicht – und der andere ist verschwunden. Ich habe den Eindruck, jemand anderes kennen zu lernen, aber oft stellt jeder nur sich selbst dar. Andererseits kann die Begegnung mit einem anderen Menschen ungewöhnlich intensiv sein, nicht obwohl, sondern gerade weil ich nichts von dem anderen weiß. Die Mischung aus Distanz und Nähe, die in Teilen auch die E-Mail- und SMS-Kommunikation ausmacht, führt im Internet zu einer regelrechten Normsprengung. Unsere Nachbarn sind uns zwar näher, aber die Nähe zu den Menschen, die wir im Internet kennen lernen, ist deutlich intensiver.

Nur berufsmäßige Mahner und Menschen, die selbst noch nie gechattet haben, glauben, dass es einsam mache, wenn man vor einem Bildschirm sitzt. Wenn ich abends noch einmal meinen Rechner einschalte und das Programm öffne, in dem mein Computer mir anzeigt, welche meiner Freunde ebenfalls online sind, fühle ich mich auf angenehmste Art verbunden mit dem Rest der Welt. Dafür muss ich nicht in eine Kneipe gehen, in der es auf schreckliche Weise viel anonymer zugehen kann. Es ist ein bisschen ähnlich, wenn ich einen Spielfilm auf DVD besitze und ihn trotzdem lieber sehe, wenn er im Fernsehen läuft. Das erzeugt die Gewissheit, dass ich dabei nicht alleine bin.

Neulich abends hatte ich wieder dieses Gefühl, in der Zukunft angekommen zu sein und mich sehr wohl in ihr zu fühlen. Ich saß an meinem Computer, der Lüfter surrte leise, nebenan lümmelte mein Freund Paul ein bisschen schwermütig auf dem Sofa herum und sah fern. Paul ist normalerweise so enervierend guter Laune, dass er morgens bereits zu lächeln beginnt, bevor er aufwacht. Aber eine kurze Phase kam ihm dazwischen, in der er sich fragte, ob ein Job beim Fernsehen nicht nur was für »Spacken und Ego-Monster« sei. Und was das denn über ihn aussage, weil er doch beim Fernsehen arbeite. Am Abend zuvor waren wir mit unserer gemeinsamen Freundin Katharina ausgegangen und hatten sein Problem mithilfe von Alkohol abschließend gelöst, die Lösung am nächsten Morgen aber leider wieder vergessen. Ich saß auch deswegen so spät noch am Computer, weil mir der Tag zerronnen war nach diesem Abend. Katharina war auch noch online, wie mein Bildschirm mir anzeigte, was bedeuten musste, dass sie in ihrem Atelier saß und noch malte. Ich chattete sie an:

Pfeiferdav: Fleißige Käthi, alles gut bei Dir?
Katharinagh: sehr, danke! noch lange gemacht?
Pfeiferdav: So bis um vier.
Katharinagh: ich hab auch zu hause noch einen aufräumtick bekommen – nachdem ich es bereits ins bad geschafft hatte – und habe entrümpelt bis halb 5 – so ein quatsch! nun aber: arbeitarbeitarbeit!
Pfeiferdav: Ne, ist doch super. Einfach machen, was einem gerade einfällt. Ohne jemanden dabei zu stören oder auch nur das Gefühl zu haben.
Katharinagh: vielleicht wäre übrigens für paul der richtige beruf: könig
Pfeiferdav: Das ist eine sehr schöne Idee. Sage ich ihm gleich mal.
Pfeiferdav: Paul sagt: König hat ihm zu wenig Glamour!
Katharinagh: naja, er würde ja noch so auf alte schule könig sein. mit hermelin und alle müssen persönlich abgaben vorbeibringen und immer schön audienz und so ... das könnte schon was hermachen.
Pfeiferdav: Sehr, sehr schöne Vorstellung. Ich wäre dann wahrscheinlich sein Haushofmeister. Und Du müsstest ihn immer ganz schön malen.
Katharinagh: ... ach, ich sag ja, das wär doch was ... herrlich! und im ganzen königreich würde der tag erst gegen 12 uhr beginnen – mit einer fernsehansprache des königs!
Pfeiferdav: Genau, ich glaube, er wäre ein sehr milder König, solange ihm alle nur ordentlich huldigen.
Pfeiferdav: Der König fragt, ob Du noch was mit uns trinken gehen willst?
Katharinagh: sehr nett, aber ich bin einfach zu sehr im arbeitsdruck!
Pfeiferdav: Der König sagt: in seinem Reich muss niemand arbeiten!
Katharinagh: paul for king!
Pfeiferdav: Widersetzt Du Dich etwa?
Katharinagh: aber nicht ohne zu betonen, dass er der beste könig ist, den wir je hatten ...
Pfeiferdav: Okay, ich hoffe, das wird ihn milde stimmen.

Paul schaltete sich nebenan durch alle 36 Programme. Er hatte seine Weltverbindung, ich meine. Einsam waren wir beide nicht.

E-Mails und Chats können den persönlichen Kontakt nicht ersetzen. Sie sind nur in Maßen einsetzbar. Joachim Haller schrieb bereits 1959 in seinem Buch *Der Gute Ton im Umgang mit Menschen:* »Zweifellos vergessen manche Leute die goldenen Regeln des guten Tons nirgendwo so sehr wie beim Telefonieren. Ob das daher kommt, daß sie ihren Gesprächspartner nicht sehen?« Dabei ist das Telefon harmlos, denn dort kann man wenigstens noch hören, in welchem Ton eine Bemerkung gemacht wird und ob sie mit einem Lachen oder einem Seufzen abgeschlossen wird. Durch die tonlose Verbindung haben sich diese letzten Sicherheitsleinen gelöst. Es kommt zu Kommunikationsunfällen, wenn wir keinen persönlichen Kontakt mehr haben. Aber wenn es darum geht, Distanz und Zeitverschiebung zu überbrücken, sind Mails und Chatten besser als nie erfüllte Ankündigungen, sich bald mal zu besuchen.

Im Dezember 2006 erschien das US-Nachrichtenmagazin *Time* mit einer Titelgeschichte über die »Person des Jahres«. Auf der Titelseite waren eine Tastatur und ein großer Bildschirm zu sehen, in dem die Leser sich spiegeln konnten. Auf dem Bildschirm prangte in dicken Buchstaben das Wort: »You«. Die *Time*-Redaktion hatte uns alle und jeden Einzelnen zur Person des Jahres gewählt. Die Begründung war, dass alle Menschen, die im World Wide Web Inhalte produzieren oder sie nutzen, sich eine Auszeichnung als Bürger einer neuen, digitalen Demokratie verdient hätten.

Zuletzt wurde diese Entwicklung meist mit dem Schlagwort »Web 2.0« bezeichnet. Darin werden Online-Tagebücher, die sogenannten Blogs, zusammen mit »Community«-Seiten wie myspace, YouTube und flickr zusammengefasst, in denen die Inhalte nicht von einem Anbieter kommen, sondern von den Menschen, die sie besuchen oder betreiben. Hier werden Befindlichkeiten und Neigungen ausgelebt. Nirgendwo sitzt eine Redaktion zusammen und überlegt sich, was wohl besonders viele Menschen interessieren könnte. Die Menschen schreiben einfach selbst auf, was sie interessiert – und siehe da: das interessiert auch besonders viele andere Menschen. Die Anbieter dieser Seiten haben im Boomjahr 2006 ihre Nutzerzahlen zum Teil verdreifacht. Das Thema ist in den Feuilletons der großen Tageszeitungen angekommen, weil sich eine Geschichte daran erzählen lässt – die Idee eines Bürgerjournalismus: Die ganze Welt ein Korrespondentennetz, jeder ist ein Experte für irgendwas. Das schlägt sich besonders im populärsten und meiner Meinung nach bislang besten »Community«-Produkt nieder – Wikipedia. Das Online-Lexikon, das von seinen Lesern geschrieben wird, hat ebenfalls im Jahr 2006 den Sprung unter die Top Ten der meistbesuchten Seiten des Internets geschafft. Hinauf in die Liga von Yahoo, Google, amazon und ebay, die inzwischen milliardenschwere, börsennotierte Unternehmen sind, mit Tausenden fest angestellten Mitarbeitern weltweit – während Wikipedia alleine von der Netzgemeinde gespeist und gepflegt wird. Auch myspace, die in dem Jahr erfolgreichste »Community«-Site, konnte immerhin noch 52 Millionen Besucher verzeichnen. Es wird momentan sehr viel Geld in dieses und andere soziale Netzwerke investiert, weil die Kapitalgeber davon ausgehen, dass mit den Angeboten bereits 2010 bis zu 2 Milliarden Dollar durch Werbung verdient werden können.

Der Medienmilliardär Rupert Murdoch, der erst sehr spät an das Entwicklungspotenzial des Internets zu glauben begann, hat myspace 2005 gekauft. In einer Rede im Jahr 2006 umriss er die Entwicklung der sozialen Netzwerke: »Die Macht verschiebt sich, weg von der alten Elite, den Redakteuren, den Führungskräften und – fassen wir es ins Auge – den Besitzern.«

Dass ein Angebot wie myspace schnell zu einem großen Unternehmen wird, das seine Kunden gleichzeitig als Inhaltslieferanten nutzt, um mit deren Ideen dann Geld zu verdienen, erscheint einem ein bisschen wie die frühen Einwanderer, die den Eingeborenen ihr Land mit Glasperlen abgekauft haben: Privatleute mit Zeitüberschuss vermehren den Umsatz von myspace, ohne davon je selbst finanziell zu profitieren.

Besonders spannend ist die Frage, warum so viele Menschen sich die Zeit nehmen, interessante Seiten im Netz für andere zusammenzustellen oder in einem Blog von ihrem Alltag oder ihrem Hobby zu berichten: weil sie hoffen, dass jemand zuhört. Das Phänomen ist nicht neu, schon seit den Anfangstagen des Internets treffen sich Gleichgesinnte in den Foren, um ihre Herzensthemen zu diskutieren. Aber die Hemmschwelle mitzumachen wird immer kleiner. Die erste Generation, die ohne Volkszählungsangst, dafür aber mit dem Internet aufgewachsen ist, verfügt über die Mittel und die Kenntnisse, um sich selbst eine Darstellungsform zu schaffen. Und seitdem es ausreicht, sich ein Blog einzurichten, tun es immer mehr. Ich bin gespannt, wie es sein wird, wenn die erste Generation der Computerkids alt wird. Wenn sie von Altenheim zu Altenheim chatten und bedauern, dass sie sich nur noch per Videokonferenz zu Gesicht bekommen und sich die Bilder der Enkelkinder gegenseitig zumailen.

Das Internet hat, nachdem es jahrelang nur mit Pornografie und dann mit verbrannten Millionen an der Börse assoziiert wurde, zu seiner Bestimmung zurückgefunden: weltweite soziale Netzwerke zu knüpfen. Warum soll ich mir meine Freunde nach der Geografie aussuchen, wenn ich sie genauso gut nach Interessen finden kann? Denn genau wie beim Fernsehen schaffen wir uns im Internet Gemeinschaftserlebnisse. Niemand ist gerne allein. Und so strecken die Leute im Internet ihren Finger in die Welt, um zu gucken, ob jemand daran zieht. Das Internet hat die altertümliche Idee des Marktplatzes wieder möglich gemacht. Es macht aus der großen Welt eine kleinere – und aus vielen kleinen eine große.

Kapitel 5

Wir brauchen den Bildschirm, um die Welt zu verstehen

In meiner Wohnung stehen zwei Bildschirme. Einer gehört zu meinem Fernseher, an den auch ein Videorekorder und ein DVD-Player angeschlossen sind. Der andere ist der Bildschirm meines Laptops. Beide Bildschirme funktionieren wie Fenster in die Welt. Wenn ich die Fenster in meinem Wohnzimmer aufmache, kann ich sehen, was auf der Straße so los ist. Wenn ich fernsehe oder an meinem Computer sitze, kann ich viel mehr sehen. Mit dem Fernsehen ist es schon seit meiner Jugend so: es hat mir Abenteuer geliefert, die ich selbst nicht erleben konnte. Es zeigte Musikvideos von Gruppen, deren Existenz mir vorher nicht bekannt war? Ich konnte Länder kennen lernen, in denen ich noch nicht war, und Filme sehen, die mich in die Fantasie anderer Menschen eintauchen ließen. Durch den Computer und den Internetanschluss sind diese Möglichkeiten noch entscheidend erweitert worden. Was immer mich interessiert, was immer ich wissen will – ich kann mich augenblicklich auf die Suche danach machen, jeder Neigung nachgehen. Der Fernseher hat mir auf vielfältige Weise den großen Teil der Welt näher gebracht, den ich noch nicht kenne. Das Internet hat die Möglichkeit hinzugefügt, selbst auf Streifzug zu gehen.

Es ist Sonntagnachmittag, in Deutschland traditionell die Zeit der Familie, der Ruhe und Nachdenklichkeit – und deswegen der richtige Moment, um mal darüber zu grübeln, was diese neue Medienwelt aus uns machen wird. Fernsehen ist für alle Unter-60-Jährigen selbstverständlich. Computer sind den meisten Bis-30-Jährigen vertraut. Jeder, der mit ihnen in Kontakt gekommen ist, kann für sich entscheiden, ob es besser oder schlechter war, mit oder ohne PC aufzuwachsen. Diese Entscheidungsmöglichkeit haben Kinder nicht mehr, die heute aufwachsen. Sie sind einer ganzen Flut von Anforderungen ausgesetzt, sie können sich ihre Welt im Sinne Pippi Langstrumpfs machen, wie sie ihnen gefällt – wenn sie nicht hyperaktiv werden oder zumindest dick, faul und unglücklich, wie es häufig heißt, und wenn ihre Eltern die finanziellen Mittel haben, um sie an den technischen Möglichkeiten teilhaben zu lassen.

Das macht die Eltern nervös. Hypernervös geradezu. Denn einerseits fürchten sie, dass zu viel Fernsehen und Internet ihren Kindern nicht gut tun, andererseits können sie sich nicht vollends dagegen sträuben – zu übermächtig ist das Angebot und zu wichtig ist es für die Zukunft der Kinder geworden, mit Computer und Internet umgehen zu können. Was sollen Mutti und Vati also tun in einer Gesellschaft, die sich noch mitten im Umbruch befindet, den die digitale Technik ausgelöst hat? Erst mal die wichtigste Regel beherzigen, die laut dem Buch *Per Anhalter durch die Galaxis* sogar für interplanetare Reisen gilt: Keine Panik! Zugegeben, das ist leichter gesagt als getan, denn die Eltern sind ja häufig Arbeitnehmer, die erlebt haben, wie die Umwälzungen viele Menschen aus ihren Jobs verdrängt haben, Firmen zu globalisierten Unternehmen wurden, in denen Werte wie Treue oder Zugehörigkeitsgefühl immer weniger zählen. Die Eltern wissen: Sie sollen flexibel sein, bereit, den Wohnort und den Arbeitsplatz zu wechseln. Sie wissen, dass selbst die Berufsausbildung eines Handwerkers inzwischen vom Umgang mit Computern geprägt ist. Ein Bäcker hat noch mit Mehl, mit Teig und mit Hefe zu tun, aber er muss genauso lernen, sich mit einem Computer auseinanderzusetzen, in einem Netzwerk von Zulieferern zu arbeiten. Genauso wie ein Möbelschreiner, ein Mechaniker, ein Elektriker, ein Germanistikprofessor oder der Sachbearbeiter einer Krankenkasse: Allen gemeinsam ist der Umgang mit dem Rechner. Expertise schützt nicht unbedingt davor, arbeitslos zu werden. Es gibt immer weniger Sicherheiten, immer weniger Regeln, und immer mehr Menschen haben Angst um ihre Arbeit, ihr Auskommen.

Auf diese Weise wirken Technisierung und Globalisierung bis in die Familie hinein.

Dabei gibt es keinen Grund, über die Maßen ängstlich zu sein. Denn immerhin konnten wir uns vom Takt des Industriezeitalters verabschieden. Die aktuelle Entwicklung eröffnet eine Fülle neuer Berufsfelder, bei denen wir nicht Gefahr laufen, uns den Finger abzusägen, und die Kinder – wenn wir sie sicher durch den Parcours der Ablenkungen gebracht haben – verfügen bald über ein Wissen, dass sie viel unabhängiger von den Moden der Konsumwelt macht. Die Wahrheit ist aber, dass wir derzeit kaum abschätzen können, wie die Arbeitswelt in zwanzig Jahren aussieht. Und das kann neugierig und unruhig zugleich machen.

An diesem Sonntagnachmittag scheint die Welt in Hannover noch in Ordnung. Es ist unglaublich heiß, angeblich ist es der heißeste Tag in Deutschland seit der Wetteraufzeichnung. In Hannovers Fußgängerzone ist so wenig los, dass selbst dem Beton öde wird. Eine Familie sitzt in einem Eiscafé, die beiden Kinder blicken begeistert auf ihre pokalgroßen Eisbecher.

Hier lebt der Kindertherapeut und Erziehungswissenschaftler Wolfgang Bergmann, Leiter des Instituts für Kinderpsychologie und Experte für Probleme, die Kinder heute zu schaffen machen können. Wenn Bergmann nicht therapiert, ist er unterwegs und hält Vorträge. Oder er empfängt Autoren wie mich bei sich zu Hause, mit Geduld und einem freundlichen Lächeln. Seine neunjährige Tochter hämmert gerade enthusiastisch ins Klavier, als er die Tür öffnet, die in eine nette Altbauwohnung mit vielen schönen Schränken führt.

Wolfgang Bergmann ist ein großer Mann mit kleinen Händen, die er fliegen lässt, um seine Argumente zu unterstreichen. »Die Kinder atmen die Übermacht des Digitalen quasi ein. Sie wissen nicht genau, was vor sich geht. Aber sie spüren die diffuse Furcht der Eltern.« Es ist nicht lange her, dass in Deutschland Beständigkeit im Arbeitsleben ein wichtiger Wert war. Heute wirkt es fast albern, wenn ein Arbeitnehmer sagt, er halte seinem Betrieb die Treue. Für die Erziehung ist diese Veränderung elementar. Von den fünfziger Jahren bis in die siebziger Jahre konnten Eltern sich darauf verlassen, dass die Gesellschaft eine recht einheitliche moralische Ausstattung hatte. »Der Polizist auf der Straße hat die gleichen Werte vertreten wie der Bäcker um die Ecke und die Lehrer in der Schule. Diese hohe Einheitlichkeit ist heute zerrissen. Hinzu kommt eine undeutliche kulturelle Umwälzung, die den Kindern auf unendlich viele Weisen begegnet«, sagt Bergmann. Die Heranwachsenden haben das Bedürfnis, sich ein Bild von der Welt zu machen, sie zu begreifen. Nur ist das viel schwieriger geworden. Die schiere Menge an Informationen, die heute auf die Kinder einströmt, muss sortiert werden – eine Fertigkeit, die schwer zu erlernen ist.

Im Zuge dieser Entwicklung kommen immer mehr besorgte Eltern zu Wolfgang Bergmann in die Praxis, mit Kindern, die Konzentrationsschwächen haben oder Aufmerksamkeitsstörungen. Die setzt Bergmann dann an einen Computer und lässt sie spielen. Tatsächlich.

»Bei der Arbeit mit Kindern setze ich auf die bildkräftigen Motive und die Beherrschbarkeit der Computerspiele. Bei hyperaktiven Kindern gibt es beispielsweise eine Grundmenge von etwa 70 Prozent, die können am Computer plötzlich all das, was sie in der Realität nicht können: Sie konzentrieren sich, fixieren ein Ziel, sie gehen dieses Ziel über geordnete Schritte an und machen sich einen Plan.« Die Kinder können sich keinen sturen Plan machen, sie brauchen einen klugen: Wohin gehe ich als Erstes, welche Folgen hat das für den weiteren Verlauf des Spiels? Gehe ich in den Dschungel oder ins Eisland? Diese Entscheidung wird Folgen haben, denn das Kind weiß ja nicht, welche Hilfsmittel und Werkzeuge es dort findet. Es muss lernen, in einer Situation, die es nicht vollends überblicken kann, eine Entscheidung zu treffen und zu dieser zu stehen. »Intuition verbindet sich mit rationaler Planung. Das ist dem Schulunterricht meilenweit überlegen. Dort gibt es nur ein Ziel: eine Note zu erreichen, unter der die Schüler sich nichts vorstellen können. Und dann folgt Stoff auf Stoff auf Stoff«, erklärt Bergmann.

In unserer komplexer gewordenen Welt bringen Kinder und Jugendliche kaum noch die Ruhe und Aufmerksamkeit auf, dieser Art des Unterrichts zu folgen. Und sie verstehen den Sinn nicht mehr. Das ist schlecht für die Schüler, aber ein Horror für die Lehrer, weil sie sich ganzen Schulklassen gegenübersehen, derer sie nicht mehr Herr werden können.

»Neun von fünfzehn Kindern in einer Schulklasse werfen sich auf den Boden und schreien ›Ich will nicht mehr‹, wenn etwas nicht nach ihrem Willen läuft«, sagt Bergmann, »vor einem Computerspiel müssen sie allerdings lernen: ›Aha, ich habe den falschen Weg gewählt, ich muss also Punkt für Punkt zurückgehen, meine Entscheidung überdenken.‹ Der Computer ist dabei stinkautoritär, was heute kein Pädagoge oder Lehrer mehr hinbekommt. Der Rechner sagt: Wenn Du das nicht tust, ist es aus!« Die Erfahrungen, die Wolfgang Bergmann bei der Arbeit mit den Kindern macht, sind sehr konkret: Erstens sind die Kinder aufmerksam, wenn sie sich mit ihm an ein Spiel setzen. Zweitens sind sie nicht genervt, wenn sie zu ihm in die Praxis kommen müssen, sondern freuen sich auf den Besuch.

»Computer können keine Therapie ersetzen. Im Zentrum jeder Beratung steht die Bindung des Kindes an den Betreuer.« Wir leben in einem Zeitalter extremer Individualisierung. Kultur und Gesellschaft teilen sich in immer kleinere Grüppchen und Interessengemeinschaften. Weder von Eltern noch von Lehrern bekommt ein Kind ein klares »Ja« oder »Nein«, sondern immer häufiger ein »Vielleicht«. Gleichzeitig hat sich die Kinder- und Jugendkultur dahingehend verändert, dass sich derjenige durchsetzt, der die größte Klappe hat oder das heftigste Aggressionspotenzial. Selbst wenn Kinder zu Hause noch Rücksichtnahme und Empathie beigebracht bekommen, sind sie in der Schule mit einem System konfrontiert, das genau andersherum funktioniert. »Die Kinder haben weder einen objektiven noch einen subjektiven Ort der inneren Ordnung«, sagt Bergmann, »und wo sich ihnen ein Ordnungssystem anbietet, greifen sie danach. Ein Ordnungssystem, verbunden mit Magie und Abenteuer, sind Computerspiele.«

Den Kindern und Jugendlichen bieten sich immer weniger Verlässlichkeiten an. Viele kehren sich nach innen, interessieren sich nicht mehr fürs Soziale oder für Politik, weil sie mit sich selbst völlig ausgelastet sind. Das sorgt die Eltern und Großeltern.

Dass die »Jugend von heute« irgendwie schlechter sei als die von gestern ist ein Vorwurf, den schon die alten Griechen formuliert haben. Er war über die Jahrtausende genauso zutreffend oder falsch wie heute. Momentan befinden wir uns allerdings in einem Zeitalter, in dem sich die fundamentalen Verständnisprobleme zwischen den Generationen ganz konkret an Medien entzünden können. Doch irgendwann stehen die Eltern vor der Frage: Welche Form der Bildung will ich meinen Kindern mitgeben? Wie begreifen sie am besten, wie die Welt um sie herum tatsächlich beschaffen ist? »Ich habe einen 19-jährigen Sohn, dem kann ich heute als Vater nicht verbindlich sagen, welche Eigenschaften er für seine berufliche Zukunft braucht«, sagt Bergmann. Welche Form der Intelligenz müssen Jugendliche heute ausbilden, damit etwas aus ihnen werden kann? Soll ich sie an ein Klavier setzen oder an einen Computer? Denn irgendwann ist der Tag ausgebucht und die Kinder erschöpft vom Lernen. Dann müssen die Eltern eine Entscheidung fällen, die weitreichende Folgen haben kann. Denn klar ist nur, dass die jungen Leute von heute in ihrem Leben zwei bis drei Berufe werden lernen müssen – und eine der wenigen Gemeinsamkeiten zwischen den Berufen wird der Computer sein. »Auch ich neige dazu, obwohl ich selbst gerne Computer spiele und chatte, auf die schöne, alte, literarische Bildung zurückzugreifen«, erklärt Bergmann, »aber die Kinder können aus dem gebildetsten Elternhaus kommen und viel lesen, wenn sie klein sind – doch dann kommt die digitale Technik und löst die alten, stabilen Buchdrucksymbole mit eindrucksmächtigen Bildern ab.«

Ein Buch ist ein mächtiges Werkzeug, um Geschichten zu erzählen und unsere Fantasie in Gang zu setzen. Ich kann es jederzeit überallhin mitnehmen und eine Welt in meinem Geist entstehen lassen, die ähnlich, aber nie genau gleich sein wird wie die der anderen Menschen, die es auch gelesen haben. Das ist die Magie des Lesens. Wir bemerken das spätestens dann, wenn wir uns die Verfilmung eines Lieblingsromans ansehen und feststellen, wie anders sich ein Regisseur die Welt vorstellt, die wir durch ein Buch kennen gelernt haben. Warum aber wollten dann trotzdem viele Millionen Menschen *Die unendliche Geschichte* im Kino sehen, obwohl ihre Fantasie nur enttäuscht werden konnte von der Bildwerdung der Figuren? Weil ein Film viel direkter wirkt, durch seine Geschwindigkeit, durch das Zusammenspiel von Bild und Ton, durch die Effekte. Er verführt vielleicht nicht unseren Geist, aber er kann uns für zwei Stunden aus unserem Leben entführen. Bei Videospielen steigert sich dieser Effekt noch, weil wir die Figuren selbst steuern, die Geschicke der Hauptdarsteller lenken. Das bedeutet nicht, dass ein Computerspiel keine Fantasien in Gang setzt. Es erschafft ja außergewöhnliche, wenn auch konkrete Welten. Der Lockruf eines Buches, das erst eine Weile braucht, um zu wirken, wird schwächer im Vergleich zur Sogwirkung eines Computerspiels. So lösen die Spiele die Bücher langsam ab im Leben der Heranwachsenden.

»Wir haben es mit einem tiefgreifenden Wandel bis in die Feinheiten der Sprache zu tun«, sagt Bergmann, der es täglich in seiner Praxis beobachten kann. »Die jungen Leute sprechen schneller und undeutlicher. Sie haben die grammatische Ordnung nicht verinnerlicht.« Wir befinden uns in der Phase einer kulturellen Ablösung, und auch das macht den Erwachsenen Angst. Hinzu kommt die deutsch-romantische Abwehr alles Technischen. »Dabei reden die meisten Kritiker von den Computertechniken wie der Beduine vom Nordpol. Meistens haben sie keine Ahnung, aber eine Meinung.« Wo ist also der Weg zu finden zwischen einem neuzeitlichen Nostradamus wie dem Kriminologen Christian Pfeiffer, der regelmäßig Pressemitteilungen produziert, aus denen hervorgeht, dass ein »hoher Medienkonsum die schulischen Leistungen von Kindern verschlechtert« (*Der Spiegel* 39/2005) – und den Ergebnissen der OECD-Studie, die belegt, dass 15-Jährige, die im Umgang mit Computern erfahren sind, in der Schule besser abschneiden?

Wolfgang Bergmann meint: »An dieser Stelle muss ich ganz klar sagen: Wir können unseren Kindern ihre Zukunft nicht verbieten. Ein Fernseher im Kinderzimmer ist schlicht Vernachlässigung, aber gegen gezieltes Fernsehen ist nichts zu sagen.«

Die goldene Mitte zu finden zwischen klassischer Bildung und einer sinnvollen Beschäftigung der Kinder mit Fernsehen, Internet und Computerspielen ist die Herkulesaufgabe, die sich Eltern heute stellt. Diese Mitte ist nur individuell festzulegen, Regeln helfen wenig. Klar ist, dass Eltern ihre Kinder nicht stundenlang vor dem Fernseher sitzen lassen sollten. »Aber was passiert, wenn ich mein Kind eine Stunde am Nachmittag fernsehen lasse, wenn ich mich ausruhen will?«, fragt Bergmann und gibt sofort die Antwort: »Nichts!« Es hilft, wenn Eltern sich auskennen mit dem, was die Kinder tun, aber es nützt nichts, wenn sie dauernd neben ihrem spielenden Kind sitzen. Oder wenn sie versuchen, es durchgehend zu kontrollieren. Spätestens ab dem 14., 15. Lebensjahr funktioniert das nicht mehr. Es gab noch nie eine Kindergeneration, die der Erwachsenenwelt so leicht entgleiten konnte – »und genau das tun sie. Die Kinder lehnen sich nicht mehr auf gegen Autoritäten, sie weichen einfach aus. Die Lehrer verzweifeln darüber, weil sie versuchen, den Kindern Regeln beizubringen, die diese gar nicht mehr verstehen.« Dass die gesellschaftlichen Regeln von gestern heute nicht mehr bei den Kindern verankert sind, daran sind weder allein die Eltern schuld noch das Fernsehen oder die Lehrer. Und nun stoßen zwei unterschiedliche emotionale und kognitive Auffassungen aufeinander. »Es gibt aber eine große seelische Macht, die genauso stark ist wie die Eindrucksmächtigkeit der digitalen Technik – die Bindung an Mama und Papa«, kann Wolfgang Bergmann beruhigend ergänzen. »Diese Bindungskraft hat dieselbe unbewusste Qualität, dieselbe Macht wie alles, was sie an digitalen Techniken fasziniert. Wenn Sie ein respektierter Papa sind oder eine geliebte Mama, wird das Kind auf Sie hören.«

Wolfgang Bergmann hat während des Irak-Krieges einmal seinem Sohn über die Schulter gesehen, als der gerade die Kriegssimulation *Command & Conquer* spielte. »Da habe ich gesagt: ›Pass mal auf, mein Lieber. Panzer sind in dieser Familie verboten – in jeder Form, auch auf dem Monitor.‹ Ich habe ihm aber gleichzeitig einen Gegenvorschlag gemacht. Er durfte jederzeit eine Wirtschaftssimulation spielen, obwohl ich als Alt-68er bei jeder Gelegenheit gegen das Großkapital wettere.«

Bergmann hat seinem Sohn etwas verboten, aber gleichzeitig klargemacht, dass es nicht um das unbedingte Durchsetzen des eigenen Willens ging. Er hat an seine Vernunft appelliert und gleichzeitig seinen Standpunkt erklärt. »Über Vernunft können sie ein Kind regulieren, auch wenn es schon älter ist. Erziehung ist eine Kunst, Elternschaft ist eine Kunst, einfach Lösungen gibt es kaum. Keine Kunst, vor allem keine Liebeskunst, kann ich per Checkliste ausüben. Dass die Kinder mir folgen, ist eine Belohnung dafür, dass ich die Verbindung halte.«

Der allergrößte Fehler wäre es, über etwas zu diskutieren, von dem die Eltern keine Ahnung haben. Wer sich auf einen Streit über Computerspiele einlässt, sollte sich sehr gut auskennen, weil ihn das Gegenüber sonst nicht ernst nehmen wird – zu Recht. Ein Spiel als Zuseher begreifen zu wollen ist aussichtslos, denn der Reiz besteht ja gerade darin, dass es eben nicht den erzählerischen Strukturen eines Films oder eines Buches folgt – und dass der Spieler selbst handelt. Es geht also um Interaktion und nicht um Konsum. Wenn man sich dazusetzt und den Kindern beim Spielen zusieht, verderben die Eltern ihnen das Erlebnis und sich selbst vermutlich den Tag. Und wer seinen Kindern mit unsinnigen Regeln kommt, wie etwa: »Videospielen nur eine Stunde am Tag«, tut sich und ihnen keinen Gefallen damit. Denn eine Stunde ist schnell vergangen mit einem guten, komplexen, anspruchsvollen Spiel. Zu schnell. Eltern zwingen die Kinder mit solchen Regeln also gewissermaßen dazu, dumme Spiele zu spielen oder zumindest schlichtere, wie Autorennen und Ballerspiele – denn die sind schnell zu erlernen und leichter zu unterbrechen.

»Wenn die Basis der Erziehung Liebe ist, dann können die Eltern auch großzügig sein, weil sie sicher sind«, sagt Wolfgang Bergmann. »Wenn das Kind drei Stunden spielt, während draußen die Sonne scheint – na und? Wenn ich respektiert bin, kann ich am nächsten Tag sagen: Gestern hast Du den ganzen Tag gespielt, heute bleibt die Kiste aus, ab auf den Fußballplatz!‹ Mit so einer großzügigen, gelassenen Autorität haben die Kinder nicht nur kein Problem – sie suchen sie sogar, weil sie Ordnung suchen.«

Dass Eltern ihre Kinder manchmal nicht verstehen und umgekehrt – dieses Phänomen ist bekannt, seit es Eltern und Kinder gibt. Aber es hat sich durch die Beherrschung der digitalen Technik eine Kluft in vielen Familien aufgetan. Eltern verstehen nicht, was ihre Kinder an den Computer fesselt, die Kinder wiederum verstehen nicht, warum ihre Eltern das nicht verstehen. Ein gewaltiges Problem entsteht, weil die Kinder einerseits herangeführt werden sollen an die neue Technik, die Eltern sie aber andererseits nicht damit alleine lassen können. In etwa 80 Prozent der Privathaushalte stehen inzwischen Computer – der Geist ist also nicht nur aus der Flasche entkommen, er hat sich auch schon häuslich eingerichtet. Die Eltern haben keine Wahl mehr, ob sie sich damit auseinandersetzen, sie können nur noch entscheiden, wie gut oder schlecht sie das Ganze finden wollen. Das hat eine gesellschaftliche Kehrtwende zur Folge, die ganz entscheidend ist: Früher waren es immer die Älteren, die definiert haben, welche intellektuellen Werte an die Jüngeren weitergegeben werden. Was sie können sollen: ein Instrument oder Fußball spielen. Welcher kulturelle Kanon den Kindern zugänglich gemacht wird: ob sie Mozart oder die Beatles hören, welche Bücher sie lesen sollen. Die Eltern haben die Weltwahrnehmung ihrer Kinder gewissermaßen verwaltet bis zu einem bestimmten Alter. Gemeinsam mit den Lehrern haben die Eltern definiert, was gelernt werden soll, was Thema sein kann in der Familie und in den Klassenzimmern. Die Kinder haben das übernommen und/oder sich in der Pubertät dagegen aufgelehnt – aber die Senderichtung war klar. Heute haben die Kinder plötzlich Wissenshoheit über einen großen Teil der gesellschaftsprägenden Kommunikationstechniken. Die Eltern sitzen staunend daneben und haben weniger Ahnung als ihre Kinder. Es gehört schon ein gewisses Selbstbewusstsein dazu, wenn Eltern sich vom eigenen Nachwuchs etwas beibringen lassen wollen.

Schüler, die ohne Zugang zum Computer aufwachsen, haben beim »Pisa«-Test 2003 deutlich schlechter abgeschnitten als ihre Mitschüler. Viele Kinder lernen heute mit dem Computer umzugehen, bevor sie lesen und schreiben können – sie lernen also, die Symbole, die Icons auf einem Bildschirm zu entschlüsseln, bevor sie die uralten Symbole der Schrift begreifen. Das stellt auch die Lehrer vor ganz neue Probleme. In den deutschen Schulen müssen sich derzeit laut OECD-Studie durchschnittlich siebzehn Schüler einen Computer teilen. Auf einen Internetanschluss kommen 43 Schüler. Die Computer sind obendrein meistens nicht in den Klassenzimmern untergebracht, sondern in separaten Räumen, wie früher das sogenannte »Sprachlabor« für den Englisch- oder Französischunterricht (das die meisten Schüler nur noch als Technikfriedhof in Erinnerung haben, wo die Kabel aus den Pulten quollen wie Stroh aus einem geplatzten Teddy). Eine Technik, die zu Hause oft zum Alltag gehört, ist in den Schulen noch nicht angekommen.

Auch bei moderneren Lehrern hat sich die Erkenntnis durchgesetzt, dass Schüler nicht nur lernen sollten, einen PC zu bedienen, sondern dass sie mit dem Computer als Instrument auch leichter andere Sachen lernen. Denn der PC kann ein paar Dinge sogar besser als ein Lehrer: sich zum Beispiel individuell auf die Schüler einstellen. Ein Lehrer, der mehr als zehn Schüler vor sich hat – und die meisten haben deutlich mehr vor sich – wird immer die Besseren langweilen und die Schlechteren überfordern – er wird sich am Durchschnitt orientieren. Computerprogramme, vor allem einige Spiele, sind aber darauf angelegt, sich den Fähigkeiten ihrer Bediener anzupassen. Ist ein Spieler besser, erhöht das Spiel die Schwierigkeitsstufe, ist er schwächer, wird es ihm einfacher gemacht. Auch hier – bevor die Pädagogen jetzt überall hörbar die Luft einsaugen – muss ein Lehrer dabei sein, um die Kinder zu betreuen. Computer können und sollen die Lehrer nicht ersetzen, aber sie können sie sinnvoll unterstützen.

Die Lehrer können ihrerseits die Schüler bei ihren Exkursionen durch das Online-Universum unterstützen. Denn auch wenn sich alles im Internet finden lässt, ist nicht alles immer gleich zuverlässig. Lehrer können ihren Schülern aber beibringen, wie sie richtige von falschen Informationen unterscheiden. Und wie wichtig eine solide Allgemeinbildung in diesem Zusammenhang ist, denn nur wer schon etwas weiß, entwickelt ein Gefühl dafür, ob das, was er auf dem Bildschirm sieht, stimmen kann.

Mit dem Einsatz des Internets haben die Lehrer die Möglichkeit, nicht nur Stoff zu vermitteln, sondern den Schülern beizubringen, *wie* sie lernen können. Nicht für die Schule, sondern fürs Leben.

Wie viel mehr Spaß kann es machen, im Erdkundeunterricht nicht mehr mit den eingerissenen alten Karten zu arbeiten, auf denen die DDR noch existiert, sondern mit Google Earth? Der satellitengestützte Internetglobus Google Earth, mit dem ich mich jederzeit an fast jeden Ort der Welt heranzoomen kann, manchmal bis hinein in die Straßenzüge, ist nicht nur aktueller und plastischer – er bindet die Schüler auch ein, wenn sie sich gegenseitig zeigen können, wo sie die letzten Ferien verbracht haben oder woher ihre Familien stammen. (Und wie nahe das alles ist, im Vergleich zur Unendlichkeit, die uns umgibt.)

Kinder, die vor einem Bildschirm sitzen, sind sicher einigen Gefährdungen ausgesetzt. Aber sie können sich auch die Welt aneignen. Auch vor dem Fernseher, im Kino. Sie bilden sich, wenn auch nicht in der gleichen Art wie Kinder vor hundert Jahren. Das gilt nicht nur für die Jüngsten. Lesen ist wichtig, weil ein guter Satz wie ein Suppenwürfel in einen klaren Geist fallen und sich dort ausweiten kann. Aber die Beherrschung der digitalen Technik ist ebenso wichtig, weil sie den Horizont erweitert. Sie verleiht dem Geist die Freiheit, Dinge zu sehen, zu lernen, zu erfahren, die der Körper nicht erreicht. Ich kann mich grenzenlos weiterbilden, ohne dafür reisen zu müssen. Was nicht heißt, dass ich das nicht trotzdem machen sollte.

Ein Freund von mir hat vor seinem letzten Mallorca-Urlaub eine kleine Erkundung gemacht, kurz bevor er ein wirklich schönes und günstiges Ferienhäuschen mieten wollte. Er hat die genaue Adresse herausgefunden, hat im Internet recherchiert, wo das Haus steht, er hat auf Google Earth nachgesehen, ob die Landschaft dort wirklich so traumhaft ist. Das war sie – wenn man vorn aus dem Haus heraussah. Hinter dem Haus führte jedoch eine vierspurige Schnellstraße entlang, die im Angebot des Anbieters nicht zu sehen war. Er hat dann lieber ein bisschen mehr für eine andere Finca bezahlt und einen sehr schönen Urlaub verbracht.

Ob wir wollen oder nicht: Unsere Sicht auf uns selbst, unser Leben, die Welt, die uns umgibt, ist geprägt von dem, was die Medien uns darüber beibringen. Ich war noch nie in Indien, aber ich habe eine recht klare Vorstellung davon, was mich dort erwartet (alleine diese Vorstellungen zu überprüfen, ist ein guter Grund für meine Reiselust). Leider habe ich die siebziger Jahre verpasst, was in puncto Politik, Musik und freier Liebe sicher ein Verlust ist – aber ich habe eine Ahnung davon, was da stattgefunden hat. Glücklicherweise musste ich keinen Dienst an der Waffe tun, dass ändert nichts daran, dass ich den Krieg für eine schreckliche Sache halte. Sebastian Haffner hat in seinem Buch *Geschichte eines Deutschen* sehr eindringlich beschrieben, wie leicht die Menschen, die den Ersten Weltkrieg als Kinder zu Hause erlebt hatten, für den Zweiten Weltkrieg zu motivieren waren. Sie hatten den Ersten Weltkrieg nur in Form von ausgehängten Zetteln wahrgenommen, die von den Erfolgen der deutschen Soldaten berichteten. Selbst hatten sie keinen Eindruck von Verletzung, Verstümmelung, Tod. Es gab kein Leid, keine Niederlagen. Es wurden nur Erfolgsbilanzen an die öffentlichen Plätze genagelt – bis dann sehr überraschend der Krieg verloren ging. Das Ganze hatte für einen jungen Mann den Charakter von

»Schiffe versenken«. Durch das Fehlen von Schmerzen fühlte sich diese Generation zu keinerlei Protest angeregt und war wenige Jahre später für einen neuen Krieg zu gewinnen. Auch weil sie in den Jahren nach dem Krieg Berichte über Siegerjustiz, Schande und Vergeltung in den damaligen Medien lesen konnte, die sehr einfach zu kontrollieren waren – und stark zu Propagandazwecken eingesetzt wurden. Die Heranwachsenden waren geprägt durch eine extreme und einseitige Weltsicht, die kein Politiker heute mehr flächendeckend in den westlichen Medien durchsetzen könnte. Woher wissen denn die jungen Menschen heute, dass Krieg eine furchtbare Sache ist? Vermutlich zunächst aus Film und Fernsehen – erst danach aus dem Geschichtsunterricht. Es hat seinen Grund, warum kriegführende Parteien seit dem Vietnam-Krieg mit einem Bilderverbot arbeiten oder zumindest versuchen, sie zu kontrollieren (unter anderem durch die perverse Idee der »Embedded Journalists«). Die USA haben den Vietnam-Krieg letztlich auch am Fernseher verloren. Als die Bilder von getöteten, verwundeten und verzweifelten G.I.s im amerikanischen Fernsehen zu sehen waren, regte sich sofort heißer Protest. Die Menschen hielten es nicht aus, ihre Soldaten auf diese Weise sterben und leiden zu sehen, und fragten nach dem Zweck der Sache.

Wir haben also von vielen Dingen eine Ahnung (oder bilden uns ein, eine zu haben) und entwickeln eine Meinung aufgrund von Informationen, die wir nicht überprüfen können, weil wir nicht dabei waren (gibt es dieses Indien wirklich?). Wenn wir unsere Weltsicht zu einem großen Teil aus Medien beziehen, dann am besten aus möglichst vielen unterschiedlichen Quellen. Einen Großteil meines Weltwissens habe ich bezogen aus dem Fernsehen, aus dem Internet, aus Popsongs, aus dem Kino, aber auch aus Büchern, aus Zeitungen und Zeitschriften.

Unsere Wahrnehmung verschiebt sich drastisch, weg von den langsamen (Büchern und Zeitschriften) hin zu den schnellen Medien (Fernsehen, Internet, Handys). Informationen können uns schneller erreichen und wir können sie jederzeit und nahezu überall abrufen. Dass diese Entwicklung vielen Menschen Angst macht, hängt gewiss damit zusammen, dass sie glauben, ein neues Medium löse ein altes ab. Diese Warnung hat bereits eine lange Tradition, obwohl immer noch neue Kinos entstehen seit der Einführung des Videorekorders und der DVD und auch noch reichlich Bücher und Zeitschriften verkauft werden seitdem es Internet gibt. Wenn man ein Medium erst beherrscht, scheint es mühsam, erneut von vorne anfangen zu müssen. Hinzu kommt eine eher gefühlte als überprüfbare Unterscheidung zwischen »guten« und »schlechten« Medien in unserer Gesellschaft.

Gut ist: Bücher lesen, ins Theater gehen, klassische Musik hören, einen Vortrag besuchen.

Schlecht ist: Fernsehen, ins Kino gehen, im Internet surfen, Popmusik hören, Computerspiele.

Diese Aufteilung variiert je nach Haushalt und auch über die Jahre hinweg. Aber im Groben ist es das, was viele fühlen, wenn sie sich mit Medien beschäftigen: Bestätigung oder ein schlechtes Gewissen. Warum das so gesehen wird, hat verschiedene Gründe, ein paar richtige und ein paar mehr falsche.

Richtige Gründe sind: Ein Buch regt dazu an, sich Plätze, Figuren und Szenen vorzustellen. Klassische Konzerte oder Theaterstücke zu besuchen verlangt von uns eine gewisse Allgemeinbildung – wenn wir nicht in der Loge vor uns hindösen möchten. Meine Großmutter hat mit meiner Mutter und ihren Geschwistern die Stücke zu Hause gelesen, bevor sie sie auf der Bühne angesehen haben. Es ist also eine sehr aktive und vor allem intellektuell fordernde Tätigkeit und obendrein ein Gemeinschaftserlebnis.

Falsche Gründe sind: Die Annahme, dass moderne Medien all das nicht leisten können. Dass Fernsehen dumm macht, Popmusik und Filme flüchtig sind und den Geist ihrer Konsumenten sättigen wie Fast Food. Dass im Internet nur Quatsch verbreitet wird, manchmal sogar gefährlicher Quatsch. Und dass Computer spielen einsam macht und die größte Zeitverschwendung seit der Erfindung des Nasebohrens ist.

Die Wahrheit liegt in diesem Fall nicht einmal in der Mitte, sie liegt weit davon entfernt. Denn das, was wir als gut ansehen, sind altbekannte Medien. Über Jahrzehnte, Jahrhunderte geprüft, bewertet und für gut befunden. Für diesen Vorgang gibt es die modernen Medien einfach noch nicht lange genug. Briefe schreiben und ins Theater gehen sind menschliche Tätigkeiten, deren Nutzen und Ergebnis wir nicht mehr hinterfragen müssen, weil viele Generationen vor uns das bereits getan haben. Es gab auch zu Shakespeares Zeiten schlechte Bücher und triviale Theaterstücke, aber sie haben die Zeit nicht überdauert. Der ganze Ramsch bleibt zurück in der Vergangenheit (und sicher auch ein paar gute, übersehene Dinge). Aber im Grunde haben die vielen Jahre eine Auswahl im Menschheitsgedächtnis erzeugt, die in der westlichen Welt in einen hoch verdichteten Kulturkanon mündete, der bis Mitte des 20. Jahrhunderts unantastbar schien.

Dann kamen die neuen Medien, prägten das Bild, das wir uns von der Welt machen, entscheidend und eindrücklich – und das gerade, weil wir sie noch gar nicht so recht bewerten konnten.

Es gibt ja gerade mal seit achtzig Jahren Tonfilm.

Ich habe meine persönliche Kulturbewertungserfahrung mit *Star Wars* gemacht. Als ich elf war, startete der erste Teil in Deutschland, noch unter dem Titel *Krieg der Sterne*. Das war ein Erweckungserlebnis. Die ganze Verzauberungskraft des Mediums wurde mir bewusst. Dieser Film machte Ins-Kino-Gehen für mich über Jahre zum wichtigsten Punkt meiner Freizeitgestaltung. In der Beliebtheit rangierte das noch vor Bücher lesen und Musik hören – die zuerst da gewesen waren. *Krieg der Sterne* führte mich in ein Universum, das so wirkte, als hätte ich es mir nur selbst ausdenken können – und es wirkte auf mich Elfjährigen so glaubhaft, weil ich mit eigenen Augen sehen, mit eigenen Ohren hören konnte. Ich hielt *Krieg der Sterne* schlicht für das Tollste, was je gemacht worden war.

Fast zwanzig Jahre später, als aus *Krieg der Sterne* die *Episode IV* der *Star-Wars*-Weltraumsaga geworden war und der Film überarbeitet wieder in die Kinos kam, habe ich meine damalige Freundin, die den Film noch nie gesehen hatte, mitgeschleift. Ein großer Fehler. Der Film erzählt doch sehr zäh eine recht naive Geschichte. Mit elf war mir das nicht aufgefallen – da hatte mir die Eindrücklichkeit genügt. Der Bluff mit den Spezialeffekten hatte funktioniert. Mit über dreißig fiel mir meine Ankündigung, dass es nun den Film zu sehen gäbe, der meine Jugend geprägt hat, tonnenschwer auf die Füße. Die ganze Vorstellung über entschuldigte ich mich für die furchtbaren Dialoge (die ich auswendig mitsprechen konnte) und die hanebüchene Geschichte (Bauernjunge wird Retter des Universums – mit elf erschien mir das logisch). Meine Freundin sah mich nachher mit einem milden Lächeln an, dem anzumerken war, dass ich in ihrer Werteskala von »kluger, gebildeter Mann« gerade auf »netter, halbkluger Mann« abgerutscht war.

Wirklich unangenehm war das Publikum: fast nur Männer in meinem Alter, die kein Einsehen haben wollten, dass zwanzig Jahre eine lange Zeit sind für einen Film, der nicht von seinem Drehbuch, sondern von seinen Effekten gelebt hat. Ein paar der Besucher trugen tatsächlich Kostüme, kamen als Darth Vader oder als Luke Skywalker verkleidet. Andererseits: Wer die beiden nicht kennt, hat meiner Meinung nach trotzdem eine Bildungslücke.

Die Eindrücklichkeit, mit der *Krieg der Sterne* mich in seinen Bann geschlagen hat, hat seither eher zugenommen. Die Verbindung von Bild, Ton, Fantasie und Geschwindigkeit zieht die Menschen immer noch ins Kino oder auch vor Computerspiele. Die Beschleunigung kann jeder gut an den Wiedergängern des *Star-Wars*-Effektkinos sehen, an den *Matrix*-Filmen. Der erste Teil hat durch seine schiere Bildgewalt überzeugt – durch die Mischung aus Beschleunigung und Verlangsamung, über die zu Recht mehr diskutiert wurde als über die schauspielerischen Leistungen. Diese besondere Ästhetik wurde so rasch in die allgemeine Bildgebung übernommen, dass schon wenige Wochen später jedes Musikvideo, jeder Werbespot und ein halbes Jahr später auch jeder Action-Film damit gearbeitet haben. Das Ergebnis: Der zweite und der dritte

Matrix-Teil fielen in sich zusammen, weil die Effekte nun Allgemeingut waren und nicht mehr von der schwachsinnigen Geschichte ablenken konnten.

Oft bemerken wir selbst nicht, wie Filme, Computerspiele, Fernsehsendungen unsere Weltsicht prägen. Der *Matrix*-Fan sitzt im Kino und wundert sich, warum der zweite Teil ihm nicht mehr gefällt, obwohl doch alles genau so ist wie im ersten. Auch die Geschwindigkeit, in der Kulturerzeugnisse ihren Überraschungsmoment verlieren, hat zugenommen.

Die wahnsinnige Menge an Neuem, die auf uns einströmt, hat nicht zwangsläufig zur Folge, dass kein Platz mehr ist für ausgewählte altere Errungenschaften. Es geht nicht um Entweder-oder, sondern um Sowohl-als-auch. Nicht alles, was neu ist, bleibt. Und nicht alles, was bleibt, löst etwas anderes ab. Es gibt gerade in Deutschland immer noch sehr viele Theaterbühnen, weil die Menschen Theater als wichtig erachten und es deswegen subventioniert wird. Kulturgut gilt in unserer Gesellschaft als erhaltenswert, gerade wenn es keinen kommerziellen Nutzen mehr hat, wenn es »nur« der Bildung dient. Der Kunstmarkt boomt seit Jahren so stark, dass »Künstler« ein ebenso aussichtsreicher Berufswunsch zu sein scheint wie »Software-Programmierer«. Die Menschen lesen entgegen aller Prognosen, dass keiner mehr lesen würde, der fernsieht oder im Internet surft. Es erscheinen immer mehr Zeitungen und Zeitschriften. Es werden Millionen von Büchern verkauft, ein großer Teil davon sind die Abenteuer von *Harry Potter*. Und die lesen vor allem jene, die angeblich gar nicht mehr lesen: die Kinder. Darüber hinaus gibt es inzwischen eine ganze Fülle von Auswahlmöglichkeiten zur Freizeitgestaltung, Entspannung und um sich ein Bild der Welt zu erarbeiten. Es entstehen also zunächst neue Möglichkeiten. Die Auslage wird reichhaltiger, die Schaufenster voller, das Leben wird ein Wunschkonzert – wenn man das Geld hat, daran teilzuhaben.

Genau das ist ein Problem, das übersehen wird, auch von Profi-Mahnern wie dem Gehirnbiologen Manfred Spitzer, der das Buch

Vorsicht: Bildschirm! geschrieben hat. Spitzer behauptet, dass »wer Gewalt im Fernsehen sieht und Gewalt in Computerspielen erlebt, (...) selbst gewalttätiger« wird. Er empfiehlt deswegen, den Konsum auf täglich eine Stunde einzudämmen, was in mehrfacher Hinsicht ahnungslos ist: Erstens treiben die Eltern ihre Kinder damit an die dummen, aggressiven Spiele – denn die fordernden Spiele sind in einer Stunde gar nicht zu bewältigen. Zweitens übersieht er das Problem, dass die meisten Kinder deswegen tagelang vor der Glotze hängen, weil ihre Eltern die Mittel nicht haben, ihnen etwas anderes zu bieten.

Das Beste für alle – auch für Kinder – wäre allerdings, die Wahl zu haben, ob sie ihr Wissen, ihre Bildung aus Büchern, Zeitungen und dem Theater beziehe. Oder ob sie darüber hinaus noch die sich stetig verbessernde Datenbank Internet anzapfen und ein Lied, das sie begeistert, in Minutenschnelle zu Hause hören können. Ich persönlich bin glücklich, nicht schon in den siebziger Jahren meine Jugend verbracht zu haben, sondern in den Achtzigern – wo ich mit den vielfältigen Möglichkeiten der PCs, der Computerspiele, der Bücher, des Kinos, der Popmusik, der Handys und des Internets gleichermaßen vertraut gemacht wurde.

Am Generationensprung von meiner Großmutter zu mir kann ich gut feststellen, wie die Sicht der Welt sich verschoben hat. Meine Oma ist, kann ich sagen, überdurchschnittlich gut gebildet und hat das Glück, das ihr Gedächtnis und ihr Gehör mit über neunzig Jahren noch gut funktionieren. (Sie behauptet zwar manchmal, beides funktioniere nicht mehr gut, aber nur bei Dingen, die sie nicht hören oder erinnern will.) Meine Oma und ich gucken, wenn ich sie besuche, gerne Rateshows zusammen (wir spielen auch vierhändig Klavier, damit hier kein falsches Bild entsteht). Und wir wären gemeinsam eine Macht bei *Wer wird Millionär* oder ähnlichen Shows. Als wir im Herbst 2005 gemeinsam vor einer solchen Sendung saßen, wusste ich gerade noch, dass die Musik zu Peer Gynt von Edvard Grieg ist, aber wer die Geschichte geschrieben hat, das entzog sich meiner Kenntnis. Sowas feuert meine Oma in Telefonjoker-Geschwindigkeit raus (Henrik Ibsen) – dafür ist sie mit dem Gesamtwerk der Popgruppe Abba nicht so vertraut. Ich habe auch nie bewusst Abba gehört, trotzdem weiß ich, dass sie mit *Waterloo* den Grand Prix Eurovision de la Chanson gewonnen haben – wo auch immer ich das herhabe. Meine Oma weiß, was ein Hallimasch ist (ein Pilz), ich kenne im Gegensatz zu ihr die Namen von Donald Ducks Neffen (Tick, Trick und Track, es kommt mir schon albern vor, das überhaupt dazuzuschreiben). So sitzen wir also gemeinsam vor dem Fernseher und beantworten die Fragen in loser Abwechslung. Wir wären reich, wenn wir gemeinsam bei einer der Rateshows antreten würden. Es bleibt die Frage, ob ihre Bildung wertvoller ist als meine oder umgekehrt. Und diese Frage kann ich nur mit einem klaren »keine Ahnung« beantworten.

Wenn ich mich vor ein Videospiel setze, kann ich es meistens recht schnell bedienen, auch wenn es kompliziert ist – Klavierspielen kann ich leider nicht so gut. Ich kann den Text des etwa fünfzehn Minuten langen Hip-Hop-Klassikers *Rapper's Delight* auswendig mitsingen, aber kaum ein Gedicht aufsagen. Und ich frage mich oft, warum ich all diesen Raum in meinem Kopf nicht für was Sinnvolleres, Wichtigeres ausgegeben habe. Die Antwort ist wohl, dass ich es zu irgendeinem Zeitpunkt meines Lebens als sinnvoll, vor allem aber als wichtig erachtet habe, diese Dinge zu wissen. Und da es vielen anderen Menschen genauso ging, ist es am Ende vielleicht auch nicht ganz so sinnlos und unwichtig gewesen.

Das hat sich spätestens gezeigt, als ich zur Zeitschrift *Tempo* kam. Ich war 24 Jahre alt, hatte die Zeit bei dem Buchhalter und eine weitere Station beim *Münchner Stadtmagazin* hinter mich gebracht und hörte, dass beim Magazin *Tempo*, das damals recht angesagt war, ein Chef vom Dienst (CvD) gesucht wurde. Bei *Tempo* war die Funktion des CvD eine Mischung aus Dompteur, Stimme der Vernunft und Antreiber. Sich mit 24 Jahren für diese Stelle zu bewerben war in etwa so eine gute Idee wie mit 75 mit dem Rollerbladen anzufangen. Aber es wurde jemand gesucht, der:

1. Keine Angst vor einer Redaktion voller Irrer hatte.
2. Verständnis dafür aufbrachte, warum die Redakteure die Diskussion um den richtigen Turnschuh genauso verbissen führten wie eine Diskussion um die richtige Partei. (Meine Güte, es waren die frühen neunziger Jahre, Star-Wars-Fan sein ist peinlicher.)
3. In der Lage war, mit den Computern umzugehen, die gerade in der Redaktion eingeführt werden sollten.

Ich bekam die Stelle, weil ich älter aussah, als ich war, und weil ich die Punkte zum Teil erfüllte, und mir zum anderen Teil nicht anmerken ließ, dass ich nicht wusste, ob ich das kann.

Beim ersten Punkt war ich einfach ahnungslos. Ich wusste nicht, was auf mich zukommen würde, und die ersten Wochen habe ich mir gedacht, »lieber mal die Klappe halten«. In der Redaktion haben sie mich damals hinter meinem Rücken »den Mönch« genannt, was mir später dann mal erzählt wurde, als ich etwas mehr gesprochen habe.

Bei den Punkten zwei und drei war ich ziemlich sicher, dass ich mithalten konnte. Von da ab waren die wichtigen Eckpfeiler der Kultur also all die Filme, die ich gesehen hatte, die Musik, die ich hörte, die Schriftsteller, die ich für wichtig hielt, die Comics, die ich gelesen hatte. Mit der Arbeit bei *Tempo* konnte ich meinen Lebensstil zu meinem Beruf machen und meinen Beruf zum Lebensstil. Das war schon mal toll, und es wurde noch besser dadurch, dass wir in einem Büro am Hamburger Hafen saßen und die England-Fähre direkt vor meinem Fenster anlegte. Wenn es spät wurde in der Redaktion – und es wurde oft spät –, sah ich auf die beleuchtete Schrift des Lade-Terminals »Tollerort«. Toller Name. Immer wenn Freunde aus München anriefen, um zu fragen, wie es mir gehe in der Hauptstadt des schlechten Wetters, drehte ich meinen Stuhl zur Seite, sah aufs Wasser und sagte: »Bombig!«

Es war nun nicht mehr peinlich, dass ich neben meiner Begeisterung für das Hongkong-Action-Kino auch ein paar Filme mit Jean-Claude van Damme gesehen hatte. Ich wurde stattdessen zum Interviewtermin mitgenommen. Dass ich jeden James-Bond-Film wenigstens zweimal (viele aber drei- oder viermal) gesehen hatte, machte mich zum Fachmann, der in den ersten mit Pierce Brosnan neu besetzten Bond geschickt wurde und der die Kritik schrieb. Die vielen Hundert Schallplatten, die ich mir über die Jahre angeschafft hatte, waren nun plötzlich ein Archiv und eine Visitenkarte. Denn ein Musikstück ist allem anderen in der Geschmacksfindungsgeschwindigkeit überlegen. Es braucht nur drei Minuten, um zu wissen, ob ich es mag oder nicht – oder ob es vielleicht gleich mein ganzes Leben verändern kann. Natürlich ging es darum, uns selbst, das Magazin und die Welt um uns herum zu definieren durch diese Popkulturdiskussionen. Einzuteilen in Gut und Böse, Richtig oder Falsch, Behalten oder Wegwerfen – darum geht es bei Kultur am Ende ja wohl immer. Nur war es hier eben eine Kultur, bei der ich schnell mitreden konnte, die man sich lustvoll wie von selbst angeeignet hatte. Die Themen, an denen wir uns abarbeiteten, waren für jeden zugänglich.

Unser Weltbild und das Verständnis unseres sozialen Umfelds wurde davon beeinflusst, welche Musik jemand hörte, welche Filme er mochte, welche Bücher er wichtig fand. Diese kulturellen Eckpfeiler waren hilfreich, um ein Koordinatensystem zu schaffen, mit man den Alltag besser durchschreiten konnte.

Viele Filme, die ich gesehen habe, blieben mir deutlicher in Erinnerung als die Bücher, die ich gelesen habe. Das liegt an der Kraft der Filmbilder. Dabei haben Bücher mich nachhaltiger beeinflusst, allein schon, weil ich viele Tage oder Wochen mit ihnen befasst war. Mit anderen Worten: Ich kann aus Filmen leichter und genauer zitieren, aber meine Art und Weise zu denken, ist von Büchern geprägt. Der Schriftsteller Martin Walser hat gesagt, »ich lese keine Bücher, in denen ich nicht selber vorkomme«. Jeder sucht nach seiner eigenen Geschichte, wenn er eine andere hört, sieht oder liest. Das ist der Einstieg in die erdachte Welt. Ich durchstreife die Erzählung, um etwas über mein Leben zu lernen. Es hat einen Grund, warum die überaus erfolgreichen Bücher und Filme über Harry Potter, über den Herrn der Ringe und die Star-Wars-Saga alle einen ähnlichen Plot haben: Schwache, übersehene Wesen werden zu Helden, finden Freunde und retten die Welt, Mittelerde oder das Universum. Es finden sich sehr viele Menschen in diesen Geschichten wieder. Durch ein Buch werde ich an einer Handlung entlanggeführt, deren Umgebung ich mir ausmalen kann, deren Hauptfiguren ich mir vorstellen muss. Die Bilder stammen nicht aus dem Kopf des Autoren, sondern aus meinem. Ein Film setzt an diese Stelle schon konkrete Bilder und erhöht dadurch die Geschwindigkeit, in der ich die Geschichte aufnehmen kann. Der Eindruck, der haften bliebt, ist vielleicht nicht nachhaltiger, aber viel intensiver. Die Welt, die mir vorgesetzt wird, sieht authentisch aus, selbst wenn sie den Gesetzen der Physik nicht entspricht oder ganz und gar irreal ist. Aber wir können uns sofort vorstellen, wie es sich anfühlen würde, in einem Raumschiff umherzugleiten oder uns durch Mittelerde zu schlagen, auch wenn wir noch nie da waren und nie hinkommen können. Unser Empathievermögen zieht uns in die Handlung, in die andere Welt.

Computerspiele steigern diesen Effekt noch weiter. Sie können das, was sie vermitteln, noch eindrücklicher vermitteln aufgrund der Sogwirkung, die sie erzeugen. Wir können, wir müssen die Fantasiewelten der Spiele selbstständig und frei erkunden, um sie zu verstehen. Ihre Regeln und Gegebenheiten muss ich mir selbst erarbeiten. Will Wright, der Erfinder der Lebenssimulation *Die Sims* ist einer der ersten Spielentwickler, der diese Möglichkeiten begriffen hat. Für Wright liegt die Zukunft der Computerspiele darin, dass die Spieler so frei wie möglich ihr eigenes Spiel gestalten können. Den Erfolg seiner *Sims* führt er darauf zurück, dass die Spieler viele Alternativen hatten, ihr Leben im Spiel zu gestalten. Auch in seinem neuen Titel, *Spore*, einem Evolutionsspiel, sollen die Spieler sich für eine Vielzahl von Entwicklungsalternativen entscheiden können, die wiederum zu einer neuen Fülle von Entscheidungen führt.

Wenn Computerspiele und Filme die Möglichkeit haben, uns in viel intensiverem Maß in ihre Welt zu saugen als Bücher, wir aber das Gefühl haben, dass Bücher viel klüger, fordernder und fantasievoller sind, kann daraus nur eine Schlussfolgerung entstehen: Die Spiele und Filme müssen besser werden. Und diese Entwicklung hat bereits eingesetzt.

Kapitel 6

Neue Erfindungen erweitern unseren Horizont

Moderne Medien schulen unsere Intelligenz, durch Computerspiele verbessern wir unsere kognitiven Fähigkeiten und teilweise können wir Ausfälle des Gehirns mit ihnen behandeln. Wir können unseren Geist jedoch nicht nur durch die digitale Technik trainieren, wir können auch unseren Horizont erweitern: um den Geist anderer Menschen, die schon im Morgen leben, durch Datenbanken, die sich im Internet ohne physische Begrenzung durch Papier ausbreiten können. Und durch das Zusammenspiel von Intelligenz, dezentralem Wissen und immer einfacher werdenden Möglichkeiten, all das zu nutzen.

Wer sich einen Eindruck davon verschaffen möchte, wie unsere Zukunft aussehen wird, der sollte nach Tokio reisen. Die Japaner haben mit Tokio eine Art ästhetische Kristallkugel geschaffen, die der Zeit stetig voraus zu sein scheint. Tokio wirkt zu modern, zu perfekt, zu verspielt und zu faszinierend, um nicht ausgedacht zu sein. Dieser Effekt verstärkt sich noch, wenn man die Stadt durch die Windschutzscheibe eines Porsche 911 über sich hinwegrasen sieht. Der Porsche gehörte leider nicht mir, sondern dem Dolmetscher, der mich im Hotel abgeholt hatte. Wir fuhren und unterhielten uns über den Interviewpartner, den wir am nächsten Tag gemeinsam treffen sollten, um uns herum sah es aus wie Übermorgen.

Der Dolmetscher, der häufig für die deutsche Automobilindustrie arbeitete, lenkte den Wagen zu seiner Lieblings-Sushi-Bar (obwohl zu Hause jeder – gefragt oder ungefragt – seine Weltläufigkeit damit demonstrieren wollte, mir zu erklären, »dass Sushi in

Japan nur Fast Food ist«). Mein Vorschlag war es nicht, außerdem schnitten sie das Sushi aus noch zuckenden Fischen, und es kostete am Ende so viel wie zu Hause in einem Viersternerestaurant. Am nächsten Morgen würden wir Ken Kutaragi treffen, den Erfinder der Spielkonsole Playstation. Normalerweise wäre ich verstimmt, wenn ich um die halbe Welt reise, um ein Gespräch zu führen, das dann zweimal verschoben wird. Aber Kutaragi ist in Japan ein Star, der einen sehr dichten Terminplan hat, und außerdem entschädigte Tokio mich mehr als ausreichend. Zwei Tage warteten wir schon auf den Termin. Tagsüber trieb ich mich in Akihabara herum, dem Viertel, das die Tokioter komplett dem Verkauf elektronischer Geräte gewidmet haben. Dort sind ganze Kaufhäuser mit Kram vollgestopft, der zwei Jahre später mit großem Getöse in Europa eingeführt wird. In den Spielhallen hüpften japanische Jugendliche auf Maschinen herum, an denen sie in einer bestimmten Abfolge Tanzschritte ausführen mussten, Geschäftsmänner entspannten auf dem Nachhauseweg an Spielen, an denen sie sich eine Gitarre umhängten und auf dem Bildschirm vorgegebene Akkorde nachspielten.

Und dann, endlich, die endgültige Zusage für einen Termin, und nun saßen wir am Vorabend in der Sushi-Bar, um uns vorzubereiten. »Warum ist Kutaragi-San für Sie so interessant, dass sie die weite Reise gemacht haben?«

»Naja, in Europa kennt den Mann kaum jemand, obwohl die Playstation ein Industrieprodukt ist wie ein Auto von Mercedes – und da kennen wir die Chefs.«

»Es sind doch nur Spiele.«

»Stimmt. Die Playstation war auch nicht die beste Videospielkonsole, als sie auf den Markt kam, aber sie wurde die erfolgreichste, weil alle den Absender kannten. Erst als Sony auf der Konsole stand, haben auch Erwachsene zugegriffen, weil sie die Marke von ihrem Fernseher oder dem Videorekorder kannten. Sie war den Menschen vertraut. Ken Kutaragi hat Telespiele aus den Kinderzimmern in die Wohnzimmer gebracht.« Ich erzählte ihm von dem

Wettbewerb, den Sony angestachelt hatte mit der Einführung der ersten Playstation, die gegen die Konkurrenzprodukte von Sega und Nintendo antrat, und wie es bei der Playstation II nicht mehr gegen Sega ging, weil die schon verloren hatten in diesem digitalen Wettrüsten, sondern gegen Microsoft, die ihre Lehren daraus gezogen hatten, dass auch Erwachsene an Computern vor allem eines tun: spielen.

Am nächsten Morgen ist es dann so weit. Wir warten noch etwa eine halbe Stunde im Foyer von Sony Computer Entertainment Japan, und dann kommt eine ganze Abordnung von Mitarbeitern auf uns zu, die Ken Kutaragi umkreisen wie Adlerweibchen ihr Nest. Es gibt eine comedyreife Visitenkartenschlacht, jeder übergibt jedem sein Kärtchen, ich werde wenigstens die Hälfte eines Stapels los, der schon seit einem Jahr kaum kleiner geworden war. Und dann geht es los: »Herr Kutaragi, wir möchten gerne mit ihnen darüber sprechen, wie sie als erwachsener Mensch auf die Idee gekommen sind, ein Spielzeug zu entwickeln?«

»Ich habe meinen Kindern beim Spielen zugesehen. Es gab damals nur die Konsole unseres Konkurrenten Nintendo, und ich hatte den Eindruck, dass sie zu wenig Farben zeigte und keinen guten Sound hatte. Ich dachte mir: Wenn meine Kinder das so gerne spielen, dann sollte ihre Fantasie dabei angeregt werden. Dann sollten sie sich mit etwas beschäftigen, wo der Sound und das Bild ihren Geist anregen würden.«

Es hat sich eine Legende um Kutaragi gebildet: Er musste erst bei Sony kündigen, um die Entwicklung der Playstation durchzusetzen.

»Wissen Sie, die japanische Gesellschaft ist nicht sehr mutig, nicht sehr individualistisch – ein bisschen so wie bei Ihnen früher die DDR. Die Menschen trauen sich wenig. Aber tatsächlich musste ich kündigen – allerdings nur, um eine eigene Firma für Sony zu gründen. Die damaligen Sony-Chefs hatten Angst, dass der Ruf der Marke beschädigt werden würde, wenn sie Kinderspielzeug bauen.«

Sony war mit Videorekordern, Fernsehern, CD-Playern, dem Walkman bekannt geworden. Doch auf diesem Markt schrumpften die Umsätze Ende der neunziger Jahre zusammen. Die schöne Wendung der Kutaragi-Geschichte ist, dass er mit Sony Computer Entertainment eine zunächst ungeliebte kleine Schwester gründen musste – die wenige Jahre später den Löwenanteil des Betriebsergebnisses einnehmen und den Konzern retten sollte. Kutaragi weiß, dass die Wendung schön ist, deswegen erzählt er sie gern und wird dabei sehr unjapanisch: Er lacht viel und macht große Gesten. Im Hintergrund sitzen seine Assistenten an der Wand aufgereiht und hören zu. Einer spricht englisch, einer deutsch, einer japanisch, damit alles Gefragte und Übersetzte auch korrekt wiedergegeben wird.

»Wissen Sie, die japanische Gesellschaft ist zu konform. Viele sind noch nicht mal mutig genug, um eine Vision zu entwickeln.«

»Was für eine Vision zum Beispiel?«

»Ich träume davon, dass die Playstation vier- oder fünfmal so gut ist wie heute. Dass wir nicht mehr fernsehen müssen, um beispielsweise eine Fußballweltmeisterschaft sehen zu können. Wir schalten die Konsole ein und sind dabei.«

Microsoft bietet so ein Online-Netzwerk für die Konsole Xbox unter dem Namen Xbox live bereit seit einiger Zeit an, und für Sony gibt es inzwischen eine Playstation Liga, in der die Spieler gegeneinander antreten können. Das ist noch nicht spannend genug für viele Zuschauer – aber es wird.

»Und dort kann auch mitspielen, wer nicht so schnell rennen und nicht so gut den Ball treten kann«, sagt Kutaragi.

Ken Kutaragi sieht sein Produkt als Erweiterung unseres Horizonts bis in die Unendlichkeit. Je mehr Menschen an einer Konsole mit Internetzugang spielen, umso größer wird die Auswahl. Und er möchte alle Schichten der Gesellschaft erreichen.

Als Kutaragi gehen will, zucken seine Assistenten alle gleichzeitig zusammen, weil er mit dem Stuhl ein Millimeterchen nach hinten rutscht. Dann geht er, sein Gefolge hinter ihm her, und es bleibt der Eindruck, dass es bei allem Konformismus doch immer die Japaner sind, die sich solche Sachen ausdenken. Vielleicht ist das auch der Grund, warum Geschäftsmänner sich in der Spielhalle Gitarren umhängen und losspielen: Wer innerhalb solch strenger Regeln lebt, möchte ab und zu mal ausbrechen, und wenn es nur im Spiel ist. Das frage ich den Dolmetscher, der mich freundlicherweise in seinem Porsche mit ins Hotel nimmt. »Wissen Sie, was wir Japaner haben und lieben? Geschichte und Geschichten. Und wir spielen gerne. Das befreit uns – wie Karaoke.«

Dann fahre ich im Lift nach oben in mein Zimmer und überlege, was ich mit den acht Visitenkarten mache, die mir bei dem Termin in die Hand gedrückt wurden.

Die digitale Technik hilft unserem Geist, sich zu lösen aus den alten, vorgefertigten Realitäten. Die neuen Formen der Kommunikation, der Gestaltung und Selbstverwirklichung mit dem Computer ermöglichen die Freisetzung von Ideen bei jedem, der die Technik beherrscht. Und da das immer einfacher wird, können immer mehr Menschen sich kreativ entfalten. Das bedeutet eine große Freiheit gegenüber den früheren Medien, die uns immer gefesselt haben – an einen Ort, wie das Kino, oder zumindest an einen linearen Ablauf, wie das Buch. Der Computer fesselt uns körperlich an eine Leitung, an Strom und Internetzugang. Aber mit seiner Hilfe steht uns die Welt zur Verfügung.

Es ist nicht immer nur ein Glück, wenn jeder sich frei entfalten kann. Aber es ist immer einer Bereicherung.

Wie war es vor zwanzig Jahren, wenn ich etwas wissen wollte? Ich habe gelesen, ich habe mehr gelesen und wenn ich ein Spezialgebiet für mich entdeckt hatte, konnte ich mein Wissen in Fachbibliotheken und durch Gespräche mit Experten erweitern. Das war sinnvoll, es schaffte Kenntnis, die Bestand hatte. Heute ist alle Basisinformation, die ich brauche, auf Minimalgröße zusammengeschrumpft. Lexika, die früher ganze Regalreihen im Wohnzimmer der Großeltern eingenommen haben, können wir jederzeit in der Jackentasche bei uns führen.

Die gesamte *Brockhaus-Enzyklopädie*, die in ihrer gedruckten 21. Auflage immerhin dreißig dicke Bände füllt, passt auf zwei

DVDs – ohne Zusatzausstattung sogar auf weniger. Die *Enzyclopaedia Britannica* ist sogar auf einer DVD oder zwei CDs zu haben. Dabei verlieren diese Werke durch die neue Form nicht an Qualität. Im Gegenteil: Es kommen auf den DVDs unzählige Hörbeispiele, Videos und Animationen hinzu, die das Wissenswerte begreifbarer machen. Der *Brockhaus* hat mit seiner Darreichung als DVD womöglich eine viel bessere Form gefunden, als das Buch es sein konnte. Nur gab es halt, als man damit angefangen hat, kein anderes Medium.

Einige Nachschlagewerke sind erst durch die neuen Medien entstanden. Das ausgezeichnete Online-Wörterbuch Leo (dict.leo.org) zum Beispiel steht auf Deutsch, Englisch, Französisch und Spanisch überall zur Verfügung, wo man einen Internetzugang hat. Und jeder, der einen Brief in einer der vier Sprachen formulieren muss, wird es zu schätzen wissen, dass Leo neben der einfachen Übersetzung eines Begriffs auch Dutzende Zusammenhangs- und Deutungsmöglichkeiten anbietet. Das verbessert nicht nur den Brief, sondern die eigenen Sprachkenntnisse auf eine Weise, die mir kein gedrucktes Wörterbuch bieten kann, weil es nicht solche umfangreichen und bedienerfreundlichen Verzweigungsmöglichkeiten besitzt und kein Mensch andauernd durch das Buch vor- und zurückblättert. Durch die schiere Menge an Speicherplatz und die Menge der Verzweigungen ist Leo zu einem Wörterbuch geworden, das man sich früher gewünscht hätte ohne es zu wissen. Ebenso wie das Wikipedia-Angebot, das es ebenfalls nicht geben würde, hätte sich das Internet nicht durchgesetzt.

Im Grunde ist die Idee, wie viele gute Ideen, sehr einfach.

Wikipedia ist ein Lexikon, das nicht von einem Gremium von Gelehrten zusammengestellt wird, sondern von allen Interessierten. Jeder darf und soll mitmachen, sein Wissen teilen, indem er Einträge schreibt oder verbessert. Vor zwei Jahren habe ich eine Biografie über Max Schmeling geschrieben. Dabei habe ich mir auch den Wikipedia-Eintrag zu Schmeling angesehen, damals war Wikipedia noch recht neu. Da stand nicht viel, und vor allem war einer der größten Fehler, die im Zusammenhang mit Schmeling häufig zu finden sind, dort eingetragen: die Behauptung, dass er »durch seinen Sieg im WM-Kampf gegen Joe Louis zum Weltstar wurde«. Tatsächlich hat Schmeling zweimal gegen Louis gekämpft: beim ersten Mal hat er gewonnen – da ging es aber nicht um die WM, beim zweiten Mal ging es um die WM, aber da hat er verloren. Diese Feinheit habe ich korrigiert, weil mir die Idee des Mitmachens gefiel und weil mir der Fehler damals, als ich mich mit Schmelings Leben so intensiv beschäftigte, riesig erschien. Gerade habe ich mir den Artikel nochmal angesehen, er ist länger geworden, ausführlicher. Er enthält keine gröberen Fehler, höchstens Meinungsunterschiede. Über die Jahre haben sich immer mehr Nutzer eingeklinkt und weitergeschrieben und andere haben sie wiederum korrigiert. Mag sein, es ist eine Mischung aus Besserwisserei und Spitzfindigkeit, sich bei Wikipedia zu beteiligen, gut möglich, dass es alle Rechthaber der Welt anlockt. Aber wenn es um ein Lexikon geht, sind mir Besserwisser und Rechthaber lieber als diejenigen, die etwas mit großer Geste erzählen, dabei aber die eine Hälfte weglassen und die andere verdrehen, der Pointe wegen.

Grundsätzlich ist es unglaublich einfach, einen Eintrag bei Wikipedia zu erstellen und zu verändern, das macht den Erfolg des Lexikons aus: Die Leute arbeiten freiwillig und kostenlos mit. Der ein oder andere Wikipedia-Schreiber zieht allerdings Nutzen aus seiner Tätigkeit, indem er sein Lieblingsthema oder seine Meinung in einem Lexikon so veröffentlichen kann, wie er es für richtig hält. Das führt dazu, dass nicht immer alles objektiv richtig ist. Obendrein haben einige Firmen inzwischen Maulwürfe eingesetzt, die Einträge in ihrem Sinn manipulieren sollen. Die Einträge können also nur so gut sein, wie die Menge an Menschen groß war, die sie kritisch gelesen, geprüft und gegebenenfalls korrigiert haben. Es gibt schwierige Fälle, bei denen gleich zu Beginn des Eintrags darauf hingewiesen wird, dass es eine Diskussion über die Inhalte gibt – die man dann ebenfalls begleitend lesen kann. So hat man nicht nur einen mehr oder minder guten Eintrag, über den man sich seine eigene

Meinung bilden kann. Oft bekommt man die Auseinandersetzung, die im Hintergrund tobt, jedes Für und Wider, gratis dazu geliefert. Die Einträge, die letztlich stehen bleiben, mussten die genaue Prüfung von vielen Menschen durchstehen, die sich alle an Wikipedia beteiligen. Zudem ist die Menge der Einträge durch den unerschöpflichen Speicherplatz einem herkömmlichen Lexikon überlegen, momentan nähert sie sich der Millionengrenze. Von Wikipedia aus führt die Geistesreise dann oft durchs ganze Internet, wenn man den Verweisen folgt, die am Ende jedes Eintrags stehen und die auf andere Angebote führen, die helfen können, das Bild zu vervollständigen.

Dass jeder mitmachen kann und so viele es tun, ist eine ebenso romantische wie demokratische Idee: Sie besagt, dass aus dem Wissen vieler letztlich eine Art Weltwissen entsteht.

Die kollektive Intelligenz, das geistige Zusammenwirken einer Gruppe, die sogenannte »Weisheit der Vielen« hat neuen Schwung in die Entwicklung des Internets gebracht. Wir sind nicht mehr auf das angewiesen, was wir selbst einmal gelernt haben und im Kopf behalten konnten. Wir können auch auf das zurückgreifen, was alle anderen wissen, sehen, glauben. Der Begriff der »Weisheit der Vielen« wurde geprägt durch ein gleichnamiges Buch des US-Journalisten James Surowiecki, der seine Theorie, dass Gruppen klüger seien als Einzelne, unter anderem dadurch untermauert, dass bei *Wer wird Millionär* der Telefonjoker, also die Expertenmeinung, seltener richtig ist (65 Prozent Erfolgsquote), als der Publikumsjoker (91 Prozent Erfolgsquote).

Im Internet sammelt sich seit Jahren die Weisheit der Vielen in Foren und in den »Blogs«, ein Begriff, der sich als Kurzform von »Weblog« (»Netzprotokoll«) durchgesetzt hat. Foren haben sich als Börsen für Informationen jedwelcher Art schon ganz in den Anfangstagen des Internets etabliert. Gleichgesinnte treffen sich hier, um ihre Herzensthemen zu besprechen und zu diskutieren. Das Besprochene bleibt im Netz, jeder kann also jederzeit nachlesen, welche Argumente ausgetauscht wurden. Aber auch die Videospieler haben vor vielen Jahren begonnen, sich gegenseitig zu helfen, wenn sie in einem Spiel an eine Stelle geraten waren, die sie alleine nicht überwinden konnten. Genauso ist es bei Autobastlern, Musikern, Sammlern von Feuerwehrautos, bei jedem Spezialthema. Eine gute Freundin von mir, die ein wenig zur Hypochondrie neigt und Krankheiten auf Zuruf simulieren kann, hat sich während ihrer Schwangerschaft damit geholfen, dass sie täglich in einem Schwangerenforum nachgelesen hat, dass die Symptome, die sie für Zeichen einer ganz schweren Krankheit hielt, ganz einfache Begleiterscheinungen der Schwangerschaft waren.

Blogs hingegen, die bereits Mitte der neunziger Jahre als Online-Tagebücher aufgetaucht sind, fungieren wie kleine persönliche Websites, wie öffentliche Tagebücher. Das Private wird damit allen zugänglich, die Netzzugang haben. Erst im 21. Jahrhundert haben sich einige journalistische Blogs etabliert. In ihnen berichten Laien oder Experten von persönlichen Erfahrungen, zum Beispiel aus dem direkten Umfeld des Irak-Kriegs, wo Blogs eine der wenigen Alternativen waren, sich einen – wenn auch subjektiven – Eindruck abseits der verordneten Bilder der US-Militärs zu verschaffen. Oft wird in den Blogs nur vom sprichwörtlichen Sack Reis berichtet, der irgendwo umgefallen ist. Aber immer häufiger werden auch Informationen zusammengetragen, die wir entweder gar nicht aus den etablierten Medien erfahren oder die so stark gefiltert sind, dass interessante Randaspekte automatisch wegfallen müssen.

Die Qualität einer Zeitschrift, eines Lexikons, des Fernsehprogramms besteht immer in seiner Auswahl. Es wird das präsentiert, was von Redaktionen für wichtig erachtet wurde. Das ist gut, wenn wir gezielt eine bereits sauber abgewogene Meinungsebene suchen. Wer aber nach ungefilterten Informationen sucht, nach Ideen, die nicht durch die Gremien von Redaktionen, Sendeanstalten und Filmproduktionen gehen mussten, und nach Bildern, die nicht vorab ausgewählt wurden, kann sich in den Weiten des Internets bedienen.

Als der Internetgigant Google das Videoportal YouTube im Oktober 2006 für 1,6 Milliarden Dollar in Aktien kaufte, gab es YouTube noch nicht einmal ein Jahr. Das Portal war eines der neuen heißen Internetangebote, auf die die Branche jahrelang gewartet hatte. Eine »Killer-Application«, wie Fachleute das nennen: eine Anwendungsmöglichkeit, die so stark ist, dass sie viele Millionen Menschen anziehen kann. Auf YouTube kann jeder Videoclips aller Art einstellen: die Heimvideos der Familie, aber auch die verwackelten Aufnahmen eines Popkonzerts. Sehr schnell fingen Sammler und Fans an, Ausschnitte längst vergessener Fernsehserien zu digitalisieren und über YouTube jedem zugänglich zu machen. Klaus Kinskis legendäre Interviewausfälle in diversen Talksendungen (unter anderem in *Na Sowas* mit dem jungen Thomas Gottschalk) sind ebenso zu finden wie Lieblingsmomente aus der *Muppet Show*. YouTube hat sich schnell als Tauschbörse und als kollektives Gedächtnis der Popkultur etabliert. Leider sind seit der Übernahme durch Google die Urheberrechtsanwälte verstärkt in Aktion getreten und haben durch einstweilige Verfügungen viele der wild eingestellten Popkultur-Schnipsel aus dem Angebot verbannt. Aber die Website wird weiter befeuert durch die vielen kleinen Amateurfilmchen, in denen die Menschen das YouTube-Motto »Broadcast yourself« wörtlich nehmen und beispielsweise die Hintergrundmelodie des Videospiel-Klassikers *Tetris* auf dem Klavier nachspielen oder sich selbst beim Karaoke filmen und ins Netz stellen. Manche von ihnen sind zu Internet-Stars geworden, die sich ihre warholschen fünfzehn Minuten online abgeholt haben. Dabei ist es kein Hindernis, dass die Bildqualität von YouTube grottenschlecht ist. Durch die extreme Reduzierung von Bild und Ton zur schnellen Datenübertragung ist es egal, ob man einen Ausschnitt aus einer Hollywood-DVD sieht oder eine Amateuraufnahme – es sieht alles gleich schlecht aus. So kann jeder YouTube-Nutzer mit den teuren Produkten der Traumwelt in Wettbewerb treten, solange er nur eine Idee hat.

Das erklärt, warum inzwischen etwa die Hälfte aller Bewegungen im Internet von den bereits erwähnten Web 2.0-Angeboten ausgehen, die von Menschen für Menschen gemacht werden. Neben YouTube sind das auch die Bilderbörse flickr.com oder das soziale Netzwerk myspace.com, in dem jeder zu fast jedem Themenkreis eine private Seite finden kann. Ja, es ist eine ganze Menge Schrott dabei. Die überwiegende Mehrheit dessen, was sich dort findet, ist zumindest banal. Aber so ist es nun mal, wenn jeder machen darf, was er will. Viele machen Quatsch, wenige machen sich Mühe. Wenn wir aber alle wenigen auf der ganzen Welt zusammenrechnen, werden es doch wieder viele. Menschen ziehen seit jeher aus Dörfern, aus Kleinstädten in die Großstadt, weil sie hoffen, dort, in der Masse, Menschen zu finden, die das Gleiche bewegt und fasziniert. Inzwischen reicht ein Klick.

Die Weisheit der Vielen ist letztlich auch die Grundlage für den Erfolg der Suchmaschine Google. Die Firma hütet die Geheimnisse ihrer Software wie Coca-Cola ihr Brauserezept, aber das Grundprinzip ist bekannt: Google sucht aus den Ergebnissen zu den Anfragen, die überall auf der Welt gemacht werden, jene heraus, auf die besonders oft verwiesen wurde. Die Suchmaschine geht davon aus, dass viele Verweise anzeigen, dass ein Eintrag in ihrer Datenbank besonders wertvoll oder brauchbar ist. Sie arbeitet mit kollektiver Intelligenz.

Es ist das erklärte Ziel der Firma Google, »die Informationen dieser Welt zu organisieren und sie allgemein verfügbar und zugänglich zu machen«. Inzwischen macht sie auch eine Menge Geld damit. Als Google Ende der neunziger Jahre gegründet wurde, übernahm das Unternehmen rasch die Marktführung bei den Suchmaschinen, erst mal ohne Geld damit zu verdienen. Inzwischen läuft über die Hälfte aller Suchanfragen weltweit über Google. In Deutschland sind es über 80 Prozent. Über dreißig Milliarden Dokumente im World Wide Web werden von Google erfasst und ausgewertet. Jemanden oder etwas zu »googeln«, also Informationen über diese Suchmaschine sortieren und sammeln zu lassen, ist als Begriff so etabliert, dass er bereits im Duden steht. Und im Sprachgebrauch haben sich bereits »Vanity-Googeln«, also das eitle Suchen nach dem eigenen Namen, und »Google-Onanie«, das Durchklicken aller Suchergebnisse des eigenen Namens, etabliert.

Inzwischen lohnt sich das auch finanziell, denn viel Werbung, die zum Beispiel im Fernsehen zunehmend an den Verbrauchern vorbei gesendet wird, ist bei einer Suchabfrage bestens aufgehoben. Wer bei Google nach gebrauchten Autos sucht, erhält als Erstes einen bezahlten Eintrag, der auf die Firma Autoscout24 verweist. Wer »billig reisen« möchte, wird auf die Angebote von Expedia verwiesen, bevor die anderen Ergebnisse folgen. Seitdem die kommerziellen Ziele von Google das Firmenmotto »Tu nichts Böses« überlagern, wird immer mehr Kritik laut an dem Marktführer, der zunehmend zum Monopolisten wird über etwas, wo ein Monopol besonders unangenehm ist: Wissen.

Es gibt viele Seiten im Netz, die Google nicht aufnimmt, weil sie von der Software nicht erkannt werden. Andere wiederum werden blockiert, weil ihre Inhalte im Konflikt stehen mit den Gesetzen des Landes, in dem nach ihnen gesucht wird. In China hat Google sich dem Regime angepasst und filtert Regierungsfeindliches aus den Ergebnissen heraus. Aber auch in vielen anderen Ländern wird nicht jede Information zugänglich gemacht. Selbst in Deutschland findet eine Google-Zensur statt. Webseiten mit rechtsradikalem Material oder offensichtlich gewaltverherrlichenden Inhalten werden herausgefiltert. Das alles können die Kritiker den Betreibern vorwerfen, aber ihren Erfolg schmälert das nicht. Die absolute Freiwilligkeit der Benutzung ist das alles entscheidende Gegenargument, und dass so viele Menschen ihre Informationen mit Google suchen, hat etwas mit der Qualität des Angebots zu tun, die auf der Intelligenz der Vielen fußt.

Vor allem hat Google uns von einem Fluch befreit, den uns unser Gedächtnis normalerweise auferlegt. Wir meinen etwas erinnern zu können, aber irgendwie funktioniert das Zusammenspiel mit unserem Kopf gerade nicht so gut. Aus lauter Informationen können wir die richtige nicht herausfiltern. Ich habe von einem Buch wie *Der große Gatsby* noch die Handlung behalten, wo und in welcher Zeit es spielt, aber nicht mehr, wie der Ich-Erzähler heißt.

Ich erinnere mich noch an die Familie, mit der ganz Deutschland litt, als sie auf den Philippinen entführt wurde. Und ich weiß noch, dass der Chef der Entführer sich »Robot« nannte und dass die Mutter von einem Nervenzusammenbruch in den nächsten taumelte, aber wie hieß die Familie nochmal? Unser Gedächtnis hat leider Lücken, und selbst wenn man ein gutes Gedächtnis hat, kann man nicht immer das Gewünschte abrufen – es fühlt sich dann an wie die Suche nach der Stecknadel im Stecknadelhaufen. Inzwischen kann ich zu jeder Zeit meinem Gedächtnis auf die Sprünge helfen, in dem ich mich durch die paar Referenzpunkte, die ich im Kopf behalten habe, zum Kern durchfrage. Die meisten Google-Nutzer bringen sich dabei eine Technik bei, Annäherungsbegriffe in möglichst sinnvoller Kombination einzugeben, um zu einem Ergebnis zu kommen: Sie bilden Wortwolken.

Eine solche Wortwolke kann zum Beispiel bestehen aus den Annäherungsbegriffen »Geisel«, »Philippinen«, »Familie«. Das Ergebnis verweist auf die Entführung der Familie Wallert. Für den Ich-Erzähler in *Der große Gatsby* reicht die kleine Wortwolke: »Gatsby« und »Erzähler«. Die ersten Ergebnisse verweisen alle auf den Namen: Nick Carraway. Schon das dritte Ergebnis verweist auf Wikipedia. Hier kann ich noch ein bisschen mehr lesen über die Romanfigur Carraway und mich von dort aus weiterklicken, hinein in den Riesenberg an Informationen, Interpretationen und Beobachtungen rund um das Buch und seine Verfilmung.

Wir können unser Gedächtnis also erweitern und entlasten, nicht nur durch die Komprimierung von Information auf immer kleinere Informationsträger, sondern indem wir es um das Wissen, welches im Internet lagert, vergrößern. Es geht dabei nicht darum, dass wir jede Information, die ausgespuckt wird, für bare Münze nehmen. Ich muss schon wissen, was richtig und was falsch ist, oder in der Lage sein, es nachzuprüfen. Wenn ich von Familie Wallert lese, *weiß* ich sofort, dass die Information richtig war, weil ich mich erinnere. Die Information war vorher nur verschüttet, überlagert, blockiert.

Nun könnte das dazu führen, dass sich unser Gedächtnis prinzipiell verschlechtert, weil wir ja andauernd Zugriff auf das Gedächtnis der Milliarden von Menschen haben, die ihr Wissen ins Netz gestellt haben. So wie ein Muskel, der erschlafft, wenn wir ihn nicht trainieren. Aber genau genommen ist das Gegenteil der Fall. Unser Gehirn erschlafft in der Regel, wenn es etwas einfach nur vorgesetzt bekommt. Was wir uns hingegen selbst erarbeitet haben, bleibt länger hängen. Erst mal gibt es ein eigenes Interesse, das ist die beste Voraussetzung, um Wissen zu behalten. Dann müssen wir uns konzentrieren, um gute Ergebnisse zu erzielen, die richtige Suchanfrage zu stellen. Die Türen zu unserem Geist stehen also sperrangelweit offen, wenn wir uns aktiv auf die Suche machen. Wir brauchen keine Leiter, um die entlegensten Winkel einer Bibliothek erreichen zu können. Es reichen ein paar Schlagworte und solides Grundwissen. Der Rest funktioniert so einfach, wie durch eine Tür zu gehen.

Um den Geist zu erweitern, muss erst mal Geist da sein. Genauso wie das Fernsehen die Dummen dümmer und die Klugen klüger macht, kann nur derjenige etwas mit dem Internet anfangen, der über eine gewisse Grundintelligenz verfügt. Der sich Fragen stellt, nachdenkt. Es macht niemanden schlau, einen Internetzugang zu haben, aber ihn zu nutzen kann jeden Schlauen noch schlauer machen. Und diese Nutzung müssen wir lernen.

Jeder einzelne Internetnutzer muss zu einer Art Bürgerjournalist werden, der sich auf eine Mischung aus Intuition und Gegenrecherche verlässt. Meistens merke ich schon am Ton, in dem eine Meldung geschrieben ist, dass sie nicht stimmen kann oder dass der Absender eine bestimmte Absicht verfolgt und zu diesem Zweck eine einseitige Darstellung bietet. Also muss ich mich immer noch um die Gegenstimme bemühen. Das Unterscheidungs- und Beurteilungsvermögen muss sich erst an die neuen Medien gewöhnen, so wie wir zwischen einer *Bild*-Meldung und einem *Spiegel*-Artikel unterscheiden können. Genauso unklug wäre es, sich die Welt nur durch den Sichtschlitz des Google-Angebots zu erarbeiten.

In Köln, bei der Produktionsfirma von Harald Schmidt, sieht es aus, wie man sich vorstellt, dass es beim Fernsehen aussieht: Funktionsmöbel, wenig Deko, alles, was nicht vor die Kamera kommt, muss auch nicht schön sein. Der Chef selbst empfängt ebenfalls eher leger, mit offenem Hemd und leicht wirrem Haar, wenn er keine Sendung hat. Harald Schmidt hat gute Laune und ist bereit, seine Besucher zu unterhalten, sobald das Tonband läuft. »Ich brauche keinen Computer, ich mache kein Online-Banking, ich gehe ins Reisebüro, wenn ich wohin fahren will, ich kaufe meine Bücher im Buchladen. Und wir haben hier jemanden angestellt, der sich mit Computern richtig auskennt. Der uns vor allem die Mails wieder holt, von denen die Mitarbeiter glauben, sie hätten sie todsicher gelöscht. Das ist immer toll, wenn ein Kollege sagt: ›Nein, ich habe die endgültig gelöscht‹, und dann düddelüt, ist sie wieder da, und dann machen sie sich Sorgen: ›Sag mal, Scheiße, wo hat er denn die her?‹ Aber ich lese immer weniger Zeitungen und Zeitschriften, seit ich einen Computer habe. Weil ich einfach feststelle, dass ich allein durch Spiegel Online im Grunde informationsmäßig auf dem Stand bin, den ich brauche. Und Meinung ist für mich eigentlich nicht mehr so wichtig: Wie wird was beurteilt oder wie hat man den Film zu finden.«

Harald Schmidt steht bestimmt nicht im Verdacht, den neuen Medien verfallen zu sein. Aber er nutzt sie, wie ein intelligenter Mensch sie am besten nutzen kann: Es genügt ihm, auf Basis der eigenen Wissensstärke weitere Informationen zu sammeln. Er kann auf die Auswahl und Beurteilung durch die Redakteure, die ihm die Informationen in Form von Artikeln präsentieren, zu großen Teilen verzichten. »Ich brauche ja nur die Info: neuer Woody-Allen-Film, neuer Roman, irgendwo ein Intendantenwechsel am Theater. Ich habe in meinem Leben so viel Theater gesehen! Wenn ich lese: Shakespeare, dieser Regisseur, jene Schauspieler – dann weiß ich, wie das Stück ist. Es ist ja unfassbar, wie viele Zeilen gefüllt werden müssen, bis dann am Schluss so eine kleine Meinung kommt. Auch der politische Kommentar – was die schreiben, ist mir mittlerweile komplett wurscht. Und dass die sich seit der letzten Wahl noch trauen, Prognosen abzugeben… Ich lese keine fünf Tageszeitungen mehr, ich gehe in die Online-Ausgabe rein, da sehe ich die Überschrift, den Autor und weiß, was kommt.«

Schmidt beurteilt Informationen immer nach ihrer Verwertbarkeit. Was kann er für die Sendung brauchen? Worüber lässt es sich lustig machen? Er glaubt trotzdem nicht, dass das Internet die Zeitungen kaputt macht. »Es ist ja eine Riesenindustrie, zu prophezeien, was jetzt gleich wieder vorbei ist. Dann erzählen einem die Leute: ›Also, in zwei Wochen ist das Fernsehen tot. Nur noch Internet! Das ist der Hammer, du wirst praktisch in Zukunft dir am Morgen an der Bushaltestelle die Serie vom Vorabend auf dem Handy angucken. Und die Bundesliga wo du willst!‹« Schmidt lacht. Immerhin hat er selbst damit begonnen, Podcasts anzubieten, wie die Kanzlerin. Wieder ein Wortungetüm, eine Mischung aus »iPod« und »Broadcast«. Trotzdem gucken die Menschen seine Sendung weiter.

In meiner Wohnung glimmen Jahr für Jahr immer mehr kleine Leuchten, die anzeigen, dass meine Elektrogeräte sich zwar ausruhen, aber jederzeit bereit sind, eingesetzt zu werden. Mein DVD-Player leuchtet in aggressivem Rot, der Verstärker meiner Stereoanlage sendet ein mattes Grün, an meinem Computer pulsiert ein weißer Punkt wie ein digitaler Herzschlag. Seitdem es mich dank meiner Flatrate nichts mehr extra kostet, pausenos online zu sein, mache ich meinen Rechner kaum noch aus, nur manchmal, wenn ich mir selbst mit einer Geste demonstrieren will, dass für heute Schluss sein sollte – also zum Beispiel nach einem langen Arbeitstag.

Die vielen Glimmlampen sind wie Leuchttürme, die verschiedene Enden meines Wohnraums markieren, hinter denen eine Fülle von

Unterhaltung bereit steht. Mir reicht es üblicherweise völlig, wenn ich neben meiner Arbeit auch meine Freizeit in jede Richtung ausdehnen kann. So habe ich kürzlich, als die Serie *The L-Word*, die das Leben einer Gruppe Lesbierinnen in Los Angeles beschreibt, in Deutschland startete, die erste Staffel auf DVD bestellt (weißes Glimmen, Pulsschlag). Als wenige Tage später die DVD-Box da war, habe ich die nächsten Abende jeweils ein bis drei Folgen angesehen (kleines, rotes, aggressives Leuchten). Eine endete mit einem wunderschönen, traurigen Lied, das ich sofort haben wollte, dessen Titel ich aber nicht kannte. Da im Abspann der Serie nicht angegeben wurde, welches Lied es war, musste mir der Refrain genügen, in dem die Zeile »... direct you into my arms« wiederholt wurde. Das führte als Wortwolke bei Google sofort zum Interpreten, Nick Cave. Von dort war es für mich nur noch ein Mausklick zum Angebot iTunes, wo ich das Lied in wenigen Sekunden für 99 Cent herunterladen und auf meinen MP3-Player überspielen konnte (hell leuchtendes Display). Von dort waren es etwa sieben Schritte zu meiner Anlage (grünes Glimmen), und dann hatten die Nachbarn auch was davon, gleich ein paar Mal hintereinander.

Ich erinnerte mich dabei an früher, als ich, wenn ich das Lied nicht am nächsten Tag vergessen hatte, in einen Plattenladen ging. Dort musste ich dann einem Verkäufer, der seinem T-Shirt-Aufdruck nach zu urteilen Heavy-Metal-Fan war, nach diesem »wahnsinnig schönen, schmusigen Lied aus dieser Serie mit den schicken Lesben aus L.A.« fragen. Die Technik erweitert also nicht nur unser Wissen, sie fügt auch Neues hinzu. Und zwar Neues, für das wir uns interessieren, manchmal ohne dass wir vorher wussten, dass wir uns dafür interessieren könnten.

An einem schönen Herbsttag im Jahr 2004 war ich zum ersten Mal sauer auf meinen Computer. Die Sonne schien durch meine geöffnete Balkontür und der Online-Buchhändler amazon stellte mir als besondere Empfehlung das Buch: *Der perfekte Liebhaber. Sextechniken, die sie verrückt machen* vor. Es wirkt vielleicht überempfindlich, dass ich mich von so einem Rat ärgern lasse, aber ich würde es genauso wenig mögen, wenn mir Bürokollegen einen Deo-Stick schenken oder meine Freundin mich mit einer Fettwaage überraschen würde Ungewöhnlich daran war allerdings, das meine »persönlichen Empfehlungen« bei amazon schon oft sehr gut gewesen waren und ich gerne darauf zurückgegriffen habe. Als Journalist hat man ja ab und an die Chance, persönliches Interesse mit dem Beruflichen zu verbinden, also habe ich dem Magazin der *Süddeutschen Zeitung* eine Geschichte über die intelligente Programmierung von amazon vorgeschlagen und bin zur Recherche nach München gefahren in die deutsche Zentrale des Buchhändlers. Ein bisschen bunt, ein bisschen lieblos, ein bisschen zu weit draußen gelegen, aber voller topmotivierter Mitarbeiter. In der Logistikabteilung erklärte man mir: »Jedes Buch, das Sie kaufen, wird abgeglichen mit den Einkäufen anderer Kunden, die dieses Buch auch haben.« Diese Überschneidungen kann man als Kunde zum Teil sogar nachvollziehen, wenn man die Zeile »Kunden, die dieses Buch gekauft haben, haben auch diese Bücher gekauft« anklickt. Aber außer den paar Titeln, die hier direkt in Bezug gesetzt werden, macht der Zentralrechner von amazon noch mehr. In Seattle, wo die Zentrale von amazon ist, werden die Schnittmengen aller Kundeneinkäufe gebildet. Die Verwandtschaft der einzelnen Artikel wird nicht anhand von Kritikermeinungen oder der thematischen Zusammengehörigkeit ermittelt, sondern nur durch den Abgleich von etwa dreißig Millionen Einkaufslisten der etwa dreißig Millionen amazon-Kunden weltweit, die in den vergangenen Jahren dort eingekauft haben. Deswegen können die Empfehlungslisten einigermaßen treffsicher auf über hundert Artikel gesteigert werden, »die zumindest eine signifikante Überschneidung der Käufer aufweisen«, so die Logistikerin.

Für Volkszählungsneurotiker, die sich zur Sicherheit schon in den frühen neunziger Jahren drei Scheinidentitäten fürs Internet zurechtgelegt haben, ist so ein Service eine Bedrohung. Ich allerdings bin der Meinung, wenn ich im Urlaub in Vietnam meine Kreditkarte hergebe, um ein Essen zu bezahlen, von dem ich nicht weiß, was es war und wie man es ausspricht, dann kann es mir auch egal sein, wenn eine Website meinen Buchgeschmack kennt. Und es ist ein guter Beleg für kollektive Intelligenz. Durch die vielen Tausend Einträge und Vernetzungen von einem Geschmack zum anderen entsteht ein ganzer Webteppich der Popkultur, durch den man sich langsam hindurchklicken kann. Das Programm ist nur dazu da, einem das Geld aus der Tasche zu ziehen. Aber gleichzeitig liefert es einen schier unglaublichen Service, indem es mir sehr oft sehr gute Tipps zum Buchkauf gibt.

Dass mir also ein Buch empfohlen wurde, das ich ganz bestimmt nicht will, kann nur einen Grund haben: Es muss eine Schnittmenge geben zwischen meinen Interessen und denen der Leser dieses Buches. Und welche das ist, kann mir die Site von amazon auch verraten, dafür gibt es die Funktion »Warum wurde mir dieses Buch empfohlen?«: Ich hatte mir die Bücher *Hightech-Märchen* von Hilmar Schmundt und *Spielplatz Computer* von Konrad Lischka bestellt. Und Kunden, die diese Bücher gekauft oder bewertet haben, haben offensichtlich auch häufiger zu den Sextipps gegriffen. Die Lösung ist also ein Klischee, so abgeschmackt, dass es in keinen Sönke-Wortmann-Film mehr passen würde: Wer sich mit Steckplätzen am Computer auskennt, weiß nicht, was er mit einer Frau anfangen könnte. Wirklich bemerkenswert ist nur, dass sich diese Erkenntnis kein Mensch ausgedacht hat, sondern dass sie aus der Menschenbeobachtung eines Computers stammt.

Natürlich beobachten Computer nicht, sie denken auch nicht, und sie können unseren Geschmack nicht kennen. Dafür haben sie ein sehr gutes Gedächtnis und können unglaublich viele Details behalten – eine Fähigkeit, die für uns Menschen in den vergangenen zehn Jahren zunehmend schwerer geworden ist, weil es immer mehr zu merken und zu behalten gibt. Aber wenn das Wissen der Treibstoff ist und die Intelligenz das Auto, dann haben wir unsere Reichweite durch die verbesserte Treibstoffversorgung massiv gesteigert.

Die Befürchtung, wir hätten irgendwann weniger im Kopf, nur weil wir uns auf das Internet und seine Angebote verlassen, ist irrational. Es kann gut sein, dass wir uns die einzelnen Informationen nicht mehr so leicht einprägen können, dass viel verloren geht, so als würde ich mich durstig unter einen Wasserfall stellen. Aber das schiere Angebot ist noch keine Verpflichtung, nur eine Verheißung. Auswählen müssen wir selbst. Wir müssen uns ein möglichst kleines Bündel an Websites und Software-Anwendungen zusammenstellen, die uns dafür wirklich etwas bringen. Die Devise lautet: Weniger ist mehr. Und wenn es nach mir geht – dann lieber Wasserfall als Wasserloch.

Die Beschleunigung ist ein weiteres Problem der modernen Medienwelt: Alles wird immer schneller und immer schneller alt. Das kann ein Gefühl von Gehetztheit aufkommen lassen, aber eigentlich reicht es, wenn wir uns ab und zu zurücklehnen und zusehen, abwarten. Denn manchmal kommt durch Geschwindigkeit auch Ruhe. Als zum Beispiel der Atari-Computer den Commodore 64 ablöste, war es der erste Heimcomputer, der mit einem eigenen Bildschirm ausgerüstet war. Statt der im Fernsehen üblichen 50 Hertz, mit denen der Ceevierundsechzich-Bildschirm getaktet war, hatte der Atari-Monitor 70 Hertz. Er war also beträchtlich schneller, der Effekt war aber, dass das Bild ruhiger wurde, es flimmerte nicht mehr so stark. In etwa so, als würde man die Propeller eines kleinen Flugzeugs beobachten, die, je schneller die Räder sich drehen, immer langsamer zu rotieren scheinen, bis es irgendwann sogar so aussieht, als würden sie sich langsam rückwärtsdrehen. Anhalten, umsehen, sortieren sind die wichtigsten Fähigkeiten, die wir lernen müssen.

Das beste Beispiel dafür, wie man souverän mit neuer Technik umgeht, ist die Band Kraftwerk. Die haben sich ihren Ruf als Avantgardisten und Erneuerer vor allem dadurch verdient, dass sie ausgewählt haben. Als in den siebziger Jahren die Synthesizer erfunden wurden, haben sie eine ganze Musikergeneration überwältigt. Emerson, Lake & Palmer, Yes, Can, The Alan Parsons Project, Jean

Michel Jarre – sie alle hörten sich an, als würde sich eine Katze nach ihrem Mittagsschlaf auf der Tastatur strecken und als seien dabei alle verfügbaren Soundeffekte eingeschaltet. Irgendwo in der Ferne hörte man dann noch ein Geräusch, das dem eines herannahenden Hubschraubers ähneln sollte. Die Musik war ungewöhnlich, neu, toll – eine Zeit lang. Und dann kamen plötzlich Kraftwerk und sagten: »Wir nehmen nur diese sechs Töne, vielen Dank.« Sie reduzierten die Möglichkeiten auf die Notwendigkeiten und schafften eine völlig neue Art der Musik. Das war nicht nur gut und mutig, es war eine Manifestation des Willens. Ein Sieg der Menschen über die Maschinen oder zumindest über die Anforderungen, mit denen sie uns überschütten. Zugleich war es das erste Mal, dass die Vielfalt richtig genutzt wurde. Ein geistreicher Umgang mit digitaler Technik.

Kapitel 7

Moderne Medien machen uns unabhängiger und selbstständiger

Das weit verbreitete Vorurteil, dass Computer Verdummungsmaschinen seien, deren Benutzer willenlos vor den Bildschirmen vor sich hinwelken, ist so alt wie der Computer selbst. Das sah am Anfang sicher so aus, weil hinter den Bildschirmen eine hermetische, kommunikationslose Welt lag, die nur verstehen konnte, wer sich in sie hineinversetzte.

Als die Computer durch das Internet zu Kommunikationsmaschinen wurden, wurde wieder gewarnt. Aus einem urdeutschen Ablehnungsreflex heraus bestand die Überzeugung, dass ein Massenmedium zwangsweise ein Werkzeug der Mächtigen zur Manipulation sein müsse. Diese Überzeugung wurde vom Fernsehen flugs auf den Computer übertragen, obwohl die Kombination mit dem Internet seitdem nur den gegensätzlichen Effekt gezeigt hat: Wenn ein Massenmedium zum Mitmachen anregt, entsteht Meinungsfreiheit. Der Computer ist zu einem Werkzeug des individuellen Ausdrucks geworden. Egal ob in künstlerischer oder politischer Hinsicht: Ohne die neuen Medien wäre unser Geistesleben in den vergangenen Jahren ärmer gewesen – und was sich derzeit entwickelt, lässt eher hoffen als bangen.

Berlin-Kreuzberg, eine Seitenstraße, die im Kreis um ein kleines Stück Grün führt. Eine Idylle. Für einen Moment könnte man den Eindruck gewinnen, man sei in einer ordentlichen Stadt. Im Erdgeschoss eines Altbaus arbeitet eine kleine Bürogemeinschaft: Im Flur steht ein wenig Altglas, die Küche ist provisorisch eingerichtet, die

Wände bis zur Hälfte hoch gekachelt, weil sich hier früher eine Metzgerei befand. Nun ist dies der Sitz von BILDblog, einem Internetangebot, an dem man besonders gut erkennen kann, was für ein Gewinn das Netz für die Meinungsfreiheit ist. Unter www.BILDblog.de kann jeder Mensch jeden Tag nachlesen, welche Fehler die *Bild* wieder gemacht hat. Und das heißt wirklich: jeden Tag. Denn es sind jeden Tag Fehler in der *Bild*.

Es ist eine lustige Website, sie ist unterhaltsam geschrieben und verarbeitet auf leichte Weise den Wahnsinn, der uns aus der *Bild* jeden Tag entgegenschlägt. Es geht dabei nicht um die bekannten Unarten der Zeitung wie die Kampagnen, bei denen Politiker oder Prominente, die der *Bild* nicht lieb sind, eine Woche durchs Dorf getrieben werden. Oder um das »Witwenschütteln«, wie es angeblich redaktionsintern genannt wird, wenn die Redakteure angewiesen werden, die Hinterbliebenen eines Verstorbenen um pikante Details oder alte Fotos zu erleichtern.

BILDblog kümmert sich nicht vorrangig um diese Fälle, es geht nicht nur um Moral und Meinung. Ideologie wird nicht diskutiert, es geht erst mal darum, darauf hinzuweisen, dass die *Bild* und Bild-Online schlampig arbeiten und gegen journalistische Leitlinien – auch des eigenen Verlages – verstoßen. Dass dies auch deswegen geschieht, weil man Meldungen heißer machen will, als sie sind, wird dabei höchstens nebenbei kommentiert. Gerade das macht BILDblog zu einer nützlichen Technik, um Wirkungstreffer zu erzielen – denn auch *Bild* ist auf einen kleinen Rest an Glaubwürdigkeit angewiesen. Gleichzeitig verschafft BILDblog Menschen Erleichterung, die sich seit vielen Jahren ohnmächtig fühlen, wenn sie dem Treiben der *Bild* zusehen.

Stefan Niggemeier, geschorener Kopf, Viertagebart, kennt dieses Gefühl sehr gut. Er ist Medienjournalist, und bevor er in die Bürogemeinschaft in Kreuzberg einzog, war er bei der *Frankfurter Allgemeinen Zeitung* (*FAZ*) angestellt. Eigentlich hätte er dort jede Woche, jeden Tag darüber schreiben können, was die *Bild* wieder angerichtet hatte. Aber was hätte das genutzt? Die Leser der *FAZ* sind in ihrer Mehrzahl vermutlich ohnehin keine Leser der *Bild*, und es gibt ja noch ein paar andere Themen in Deutschland, über die ein Medienjournalist berichten sollte. Also konnte die *Bild* in der *FAZ* und auch in anderen Printmedien nicht so oft richtiggestellt werden, wie sie es verdient hätte.

Aber dann trafen bei Niggemeier 2004 das Berufsethos, der Ärger über die *Bild* und die technische Entwicklung im richtigen Moment aufeinander und er entwickelte mit zwei Kollegen zusammen den BILDblog. Es ist sehr leicht, einen Blog einzurichten, dafür braucht man etwa zwei Stunden. Die tägliche Aktualisierung ist auch nicht weiter kompliziert. In BILDblog schrieben Niggemeier und seine Kollegen von Beginn an jeden Tag, was ihnen an offensichtlichen Fehlern in der aktuellen Ausgabe der *Bild* aufgefallen war. Das war allemal besser, als sich still vor sich hinzuärgern. BILDblog begann also mit zwei Lesern, als engagiertes Projekt, ohne jede Werbung. Inzwischen sehen sich – den konservativen Schätzungen nach – täglich über 40 000 Menschen BILDblog an. Von dieser Art der ideologischen Gegenöffentlichkeit hat man in den siebziger Jahren geträumt. 40 000 Menschen: So viele Leser würde man nie erreichen, wenn man eine »Gegen-Bild« an die Kioske bringen wollte.

Dass BILDblog so erfolgreich ist, liegt sicher auch daran, dass es nicht mit Schaum vor dem Mund gemacht wird, sondern mit Humor. »Wir haben das Gefühl, dass wir unterhalten sollten«, sagt Niggemeier. »An manchen Tagen ist es allerdings gar nicht lustig, was in der *Bild* steht. Aber *wenn* wir unterhalten können, ist es gute Unterhaltung – denn bei *Bild* lacht man im Zweifelsfall auf Kosten der Opfer, bei uns lacht man auf Kosten der *Bild*.« Der schöne Nebeneffekt der Aktion ist das Gefühl, nicht alleine zu sein: »An einem guten Tag bekommen wir inzwischen über hundert E-Mails von Leuten, die Fehler in der *Bild* entdeckt haben. Das geht von Tippfehlern bis hin zu völligen Falschmeldungen, wo unsere Leser uns ganz ausführlich und mit Quellenangaben belegen, warum die Meldung in Bild nicht stimmt.«

Niggemeier bedauert, dass inzwischen nur noch ein Bruchteil der Einsendungen tatsächlich verwertet werden kann. Genauso bedauert er, dass der vierte Büroraum, der eine Art Gemeinschaftsraum mit gemütlichen Sitzgelegenheiten werden sollte, nun das Archiv ist, in dem sich die *Bild*-Ausgaben nach Jahrgängen stapeln. »Aber ich habe noch nie in meinem Leben etwas gemacht, was so befriedigend war. Weil die Resonanz so toll ist. Noch bevor man bei uns spenden konnte, haben Menschen angefragt, ob sie spenden dürfen. Am allermeisten habe ich mich über den Leser gefreut, der berichtet hat: ›Seit Jahren streite ich mit meinem Vater darüber, dass er die *Bild* liest – jetzt lege ich ihm jeden Morgen den Ausdruck des BILDblogs dazu, und seitdem kommt er ins Grübeln.‹«

Auch bei *Bild* selbst kommen die Mitarbeiter wohl ab und an ins Grübeln. Es ist nicht bekannt, wie viele Redakteure jeden Morgen bei BILDblog nachsehen, ob sie einen Fehler gemacht haben, aber wenn man raten müsste, würde man tippen: alle. Stefan Niggemeier hat nur ein paarmal direkte Reaktionen aus der Redaktion bekommen. Meistens fühlten sich Redakteure zu Unrecht angeprangert, wenn sie beispielsweise ein angebliches »Exklusiv-Interview« fast identisch war mit Zitaten, die schon am Tag vorher über die Nachrichtenticker liefen – und BILDblog das anhand der Originale nachweisen konnte. Die offizielle Sprachregelung des Springer-Verlags ist, dass BILDblog »unterhalb der Wahrnehmungsgrenze« liege. Wenn aber auf BILDblog darauf hingewiesen wird, dass auf Bild-Online etwas falsch geschrieben wurde, dauert es oft nur wenige Minuten, bis es korrigiert wird. Niggemeier und seine Kollegen haben deswegen mal eine Rechnung an die *Bild* gestellt – über Korrekturarbeiten. Es kam nie eine Reaktion, dafür hat der *Spiegel* über sie berichtet, sie werden als *Bild*-Experten ins Fernsehen eingeladen, und den »Grimme«-Online-Award 2005 in der Kategorie Information haben sie auch gewonnen. Doch die Leserschaft des *Spiegel*, wie auch die Jury des Grimme-Preises sind ideologisch eher gegen die *Bild*. Erreichen sie auf diese Weise nicht nur diejenigen, die ohnehin der gleichen Meinung sind?

»Nein, nicht nur«, sagt Niggemeier, »das ist ja das große Wunder des Internets. Wenn man nach etwas googelt, zum Beispiel nach Paris Hilton, dann bekommt man recht schnell einen BILDblog-Eintrag darüber, was die *Bild* falsch über Paris Hilton berichtet hat. Das heißt, wir erreichen über das Internet auch die Menschen, die gar keine Meinung zur *Bild* haben oder eben eine gute. Auch wenn wir uns Diskussionen in Internetforen ansehen, wo es um die *Bild* geht, wird oft auf uns hingewiesen. Die *Bild* wird als Quelle einfach als immer weniger vertrauenswürdig angesehen, seitdem wir die Fehler täglich aufzeigen. Als Journalist träumt man ja immer davon, dass die eigene Arbeit etwas auslöst. Dass jemand am anderen Ende sitzt und etwas dazulernt – aber so eine Reaktion bekommt man sonst nie. Wir hatten nie die Hoffnung, dass wir die *Bild* ändern, uns geht es nur darum, die Wahrnehmung der *Bild* zu ändern.«

Und die Wahrnehmung der *Bild* ändert sich seit zwei, drei Jahren. Sie wird wieder kritischer beobachtet, es wird öfter auch in anderen Medien berichtet, wenn die *Bild* das Berichterstattungsniveau erneut gesenkt hat, wie mit der »Leser-Reporter-Aktion« im Sommer 2006. Eine Zeit lang hatte sich jeder Protest gegen das Blatt und seine Methoden gelegt. Die Journalisten in anderen Häusern hatten die Energie verloren, sich aufzuregen, oder, schlimmer noch, sie haben versucht, die *Bild* ironisch zu lesen, wie ein Satiremagazin. 2003, als die *Bild* ihren 50. Geburtstag feierte, gab es eigentlich nur im *SZ-Magazin*, dem *Stern* und in der *Frankfurter Allgemeinen Sonntagszeitung* einen kritischen Bericht. Der Rest der Branche war sich einig, dass es einfach nicht so ernst zu nehmen sei, was da drin steht. Aber die vielen Millionen Menschen, die täglich *Bild* kaufen, lesen nicht ironisch, sie nehmen das Blatt ernst und sie lesen *Bild* auch nicht nur wegen des Sportteils. Viele von ihnen glauben, was da steht, und für die Mehrheit ist die *Bild* neben dem Fernsehen die einzige Nachrichtenquelle.

Hinzu kommt, dass viele Journalisten voneinander abschreiben. Niggemeier hat beobachtet, »wie *Bild*-Meldungen weiter in die Welt hinausgetragen werden und sich verfestigen – als Wahrheiten.

Nun zögert vielleicht der eine oder andere Kollege, bevor er die *Bild* als Quelle nutzt, weil die Faktenlage sich häufig nach zwei Tagen in Luft auflöst. Und wenn jemand heute etwas Kritisches über *Bild* schreiben will, erleichtern wir ihm das, weil man bei uns im Archiv suchen kann, was es zum Thema schon gab.«

Wozu aber die ganze Mühe? Schließlich kostet es eine Menge Zeit und Nerven – und sie müssen täglich die *Bild* lesen und sich aufregen. »Das ist der Gutmensch in mir«, sagt Niggemeier. »Ganz blöd gesagt bin ich Journalist geworden, um die Welt zu verbessern. Und ich finde es unfassbar, dass die *Bild* mit so vielen Schweinereien einfach durchkommt. Dass die so lügen und täuschen dürfen – ohne grün und blau geklagt zu werden. Ich kenne kein anderes Medium, wo Lügen so sehr Teil des Systems ist. Ich kann mich auch über den *Spiegel* aufregen oder *Focus*, über das Fernsehen sowieso – aber kein anderes Produkt gründet seinen Erfolg so sehr darauf, Leute anzulügen und durch den Dreck zu ziehen.«

Da das Geldverdienen mühsam ist, drängt sich trotzdem die Frage auf, welche Motivation die Macher von BILDblog antreibt. »Es freut mich, dass die Leute, die bei *Bild* arbeiten, unter einen gewissen Rechtfertigungsdruck kommen – intern und im Bekanntenkreis. Aber das Tollste ist, dass wir immer besser werden, weil wir immer mehr Leser haben. Wenn wir mit einer Geschichte nicht weiterkommen, müssen wir nur auf unserer Website um Hilfe bitten, und eine halbe Stunde später haben wir Dutzende von Mails. Unsere Leser können aus dem Persischen übersetzen und sind Geologen. Sie wissen eigentlich alles, alle zusammen. Auch wenn die *Bild* tausend Angestellte hat – wir haben 40 000 Leser, Experten für jedes Thema, und im Zweifelsfall ist immer ein BILDblog-Leser in der Nähe. Wir hatten letztens einen Fall in Heidelberg, da haben Reporter der *Bild* Kinder angesprochen, ob sie Fotos eines kleinen Jungen haben, der tragisch ums Leben gekommen war. Sofort bekamen wir Mails von Lesern, die um die Ecke wohnen und berichtet haben, dass die *Bild*-Leute auch bei ihnen nach Schmutz wühlen. Je erfolgreicher wir werden, desto dichter wird dieses Netz.«

Am Anfang hatten die Leute bei Springer wohl gehofft, dass den engagierten BILDblog-Machern bald die Luft ausgeht. Oder die Lust. Aber inzwischen, nachdem so viele gute Reaktionen kommen, steigt der Spaß eher. Und die Kosten halten sich in Grenzen. Die ersten zwei Jahre kam BILDblog mit einer Servermiete von 40 Euro im Monat aus. Seitdem die Seite so populär geworden ist, musste ein eigener Server her, der 200 Euro im Monat kostet. 200 Euro im Gegensatz zur Riesenmaschine, die bei der Bild läuft – das ist, wie mit Spatzen auf Kanonen zu schießen. Aber auch da haben Stefan Niggemeier und seine Kollegen positive Überraschungen erlebt. Sie fragten bei ihrem Provider nach, ob der nicht einen Server stellen wollte für ihr engagiertes Projekt. Es kam eine klare Absage: Er wollte sich nicht mit dem Springer-Verlag anlegen. »Dann hat unser System-Administrator das mitgekriegt und uns angeboten, uns den Server mit ein paar Kollegen gemeinsam umsonst zu managen«, berichtet Niggemeier, »ohne das Internet würde die ganze Idee sowieso nicht funktionieren.« Stefan Niggemeier schreibt nun ein Buch über die *Bild* – ein Nebeneffekt seiner engagierten Arbeit. Darin wird er sich dann auch mit der Ideologie der Zeitung auseinandersetzen. Und er hat eine schöne, selbst erlebte Geschichte, mit der er sein Buch schmücken kann.

Auch wenn die Geschichte von BILDblog besonders klar ist als Beispiel einer Gegenöffentlichkeit, einer Meinungsbildung abseits des Mainstreams – sie ist nicht das Einzige. Wer früher geglüht hat für ein Thema, für eine Sache, der wurde manchmal schnell abgelöscht durch den kalten Schauer der Realität. Wohin mit der ganzen Meinung, dem Engagement, wenn wir diejenigen nicht erreichen, die sich dafür interessieren könnten? Die Verbreitung von Computern und Internet hat das fundamental verändert. Über die Hälfte der Deutschen kann man über dieses Medium theoretisch ansprechen, und obendrein noch den Rest der Welt. Auch die Attac-Bewegung, ein engagiertes Netzwerk, das sich kritisch mit der Globalisierung auseinandersetzt, organisiert sich über das Internet. Genauso tun sich andererseits Filmfans aus aller Welt zusammen, um auf der Website www.rottentomatoes.com ihresgleichen vorzuwarnen, wenn Müll von großen Filmverleihern mit enormem Werbeaufwand in die Kinos gedrückt wird. Legendär ist die Geschichte von Fans, die Vorabvorführungen des unsäglich schlechten Films *Batman Forever* besucht hatten und sich auf Rotten Tomatoes darüber negativ ausließen. Das sprach sich so schnell herum, dass die Produzenten das am Einspielergebnis spürten.

Zugegeben: Erst mit dem Internet wurde aus Computern eine weltweite Meinungsbörse. Und ein Marktplatz für popkulturelle Waren aller Art. Nun aber sind wir unabhängiger und selbstständiger geworden, nicht nur mündige, sondern auch mächtige Konsumenten. Seit es das Internet gibt, ist es nicht nur schwerer geworden, uns zu manipulieren. Sondern auch, uns zu kontrollieren.

Ich könnte mich hier schuldig bekennen: Ich habe illegal Musik bei Tauschbörsen heruntergeladen. Andererseits habe ich das meiste, was auf meinem Computer als Musikdatei zu finden ist, auch als Schallplatte im Regal stehen. Gerne hätte ich meine Schuldfrage geklärt, denn die Rechtslage ist kniffelig.

Als die CDs eingeführt wurden, hatte ich mir bereits viele Hundert Schallplatten gekauft. Die wollte ich nicht wegwerfen und auch nicht alle neu kaufen. Hätte ich mir die fünf Supertramp-Alben, die ich mit sechzehn toll fand, alle noch einmal anschaffen sollen? Nein, bestimmt nicht, denn ich lege sie höchstens einmal alle drei Jahre auf. Dann allerdings freue ich mich jedes Mal, dass ich sie noch habe. Ich behielt also meine Platten und kaufte mir nur auf CD, was auf Schallplatte nicht mehr zu bekommen war. Nach einiger Zeit wiesen die ersten Kritiker darauf hin, dass durch die Digitalisierung der Musik, zum Beispiel für die Überspielung auf CD, dezente Klangverluste hinzunehmen seien. Also bin ich weiterhin bei Vinylplatten geblieben. Das nervt zwar grauenvoll, wenn ich umziehen muss, denn Plattenkisten sind genauso mühsam zu tragen wie Bücherkisten, aber meine Sammlung auf einen MP3-Player zu übertragen, wäre nun wirklich Wertvernichtung. Denn so praktisch mein MP3-Player ist, wenn ich auf Reisen bin, so schlecht hört er sich an, wenn ich ihn an meine Anlage anschließe. Durch die Datenreduzierung geht eine Menge verloren. Bei der Umsetzung für MP3-Player ist die Reduzierung der Daten so groß, dass ein Sound entsteht, wie ihn früher ein Kofferradio produziert hat. Eine MP3-Musikdatei, abgespielt über eine Anlage, hört sich an, wie Salat ohne Dressing schmeckt.

Damit sind wir wieder beim Anfangsproblem: Ich habe eine umfangreiche Plattensammlung, viele CDs und einen MP3-Player. Für diesen Player habe ich mir ein paar Lieder aus illegalen Tauschbörsen wie Napster und Limewire heruntergeladen, weil ich keine Lust hatte, den Kram umständlich von Schallplatte auf meine Festplatte zu kopieren, von wo aus ich sie dann auf den MP3-Player hätte laden können. Ich habe also gestohlen oder zumindest das Copyright verletzt, aber wer mich besucht, sieht ganz deutlich, dass ich ein Opfer der Musikindustrie bin, kein Täter. Ich hatte mir vorgenommen, im Rahmen der Recherche für dieses Kapitel auszurechnen, wie viel Geld ich schon für Musik ausgegeben habe. Den Plan verwarf ich, weil ich schon einmal zum Spaß ausgerechnet habe, wie viel Geld mich mein Auto wirklich kostet, wenn ich Anschaffung, Unterhalt und Wartung zusammennehme – seitdem fahre ich Taxi, Bahn und Mietwagen. Ich kann auch nach einer Schätzung zusammenfassen, dass die Musikindustrie mir eine Medaille anstecken könnte, weil ich einer der Idioten bin, die einem der Plattenbosse den Umbau seines Lofts in Köln oder Berlin mitbezahlt haben. Stattdessen aber geht mir die Musikindustrie auf die Nerven. Denn seitdem ich Musik einfach per Internet laden kann, werde ich ermahnt oder kriminalisiert. Ich habe Gebühren auf CD-Laufwerke zahlen müssen, weil ich mit denen *auch* Musik kopieren kann, und ich habe einige CDs, die ich gekauft habe, nicht auf meinen Rechner kopieren können, weil sie einen Kopierschutz haben. Sehr, sehr mühsam.

Es gab einen Grund, warum ich mich bei den Tauschbörsen bedient habe: weil es so bequem war. Endlich konnte ich, wann immer mir ein Lied im Kopf herumging, im Internet nachsehen, ob es zu haben war. Nebenbei habe ich allerlei schöne Musik zufällig gefunden. Als ich zum Beispiel nach der Easy-Listening-Version des Oasis-Hits *Wonderwall* von Mike Flowers Pops gesucht habe, stieß ich auf die Coverversion der Sängerin Cat Power. Nachdem ich festgestellt habe, dass Cat Power eine ganze Platte mit sehr schönen Coverversionen gemacht hat (vor allem *Satisfaction* in der besten mir bekannten Version), habe ich sie mir gekauft. Ich hätte auch bereits für die aus dem Netz heruntergeladene Version des Liedes gezahlt, wenn ich sie bei einem bezahlten Anbieter gefunden hätte. Was sich auch dadurch belegen lässt, dass das Angebot iTunes wie verrückt und immer besser läuft, je mehr Künstler ihr Repertoire dort anbieten.

Um auf die Rechtsproblematik zurückzukommen: Für das allermeiste, was auf meinem Computer und in meinem MP3-Player an illegal geladener Musik zu finden ist, habe ich das Original auf Vinylschallplattte oder CD. Kann ich dafür belangt werden, dass ich mir etwas aus dem Netz lade, für das ich die Nutzungsrechte bereits erworben habe? Für sachdienliche Hinweise wäre ich dankbar.

Persönlich habe ich die neue Technik nur als Service wahrgenommen, als Bereicherung meiner Auswahl, mich mit Popmusik einzudecken. Ich zahle gern dafür, aber ich sehe nicht ein, warum ich auf Auswahl verzichten soll.

Das Grundproblem, das wird jedem schnell klar, der die Diskussion um Musikdownloads verfolgt hat, ist nicht, oder nicht nur, dass die Musikindustrie weniger Geld verdient, sondern dass die Konsumenten sich ihrer Kontrolle entziehen. Es war ein super Trick der Plattenfirmen, als von Vinyl auf CD umgestellt wurde, dass nur durch die Änderung des Datenträgers alte Platten den gleichen Kunden nochmal neu verkauft werden konnten. Und dass die billiger herzustellenden CDs bei ihrer Markteinführung doppelt so teuer waren als Schallplatten. So ein Trick funktioniert allerdings nur, wenn man die Hoheit über die Verbreitungswege hat. Und die hat die Musikindustrie mittlerweile verloren.

Zur Jahrtausendwende gab es deswegen gewaltiges Getöse. Die Umsatzeinbrüche waren groß, sie haben sich bis heute nicht erholt, und die Schuldigen waren schnell gefunden: Jugendliche (und Leute wie ich), die sich die Musik kostenlos aus dem Internet luden. Dass es die gleichen Jugendlichen waren, denen noch wenige Jahre zuvor immer mehr Geld für immer schlechtere Ware abgeknöpft wurde, fiel unter den Tisch. Die Branchenriesen waren uneins über die Vorgehensweise. Sie beobachteten sich gegenseitig eifersüchtig, anstatt gemeinsam an einem Konzept zu arbeiten, wie sie mit den sich rasant verändernden Marktbedingungen umgehen könnten. Es wurden eine Reihe dummer Ideen präsentiert, die allesamt so wirkten, als würden sie mit Eimern Wasser aus einem Boot schöpfen, das bereits auf Grund gelaufen war. Der Tiefpunkt war die hilflose Kampagne »Copy kills Music«, bei der einer Zielgruppe, die keinerlei Unrechtsbewusstsein hatte, vermittelt werden sollte, dass sie die Künstler schädigen, wenn sie Musik aus dem Netz luden. Da hatten die meisten längst bemerkt, dass es nicht die Künstler waren, die geschädigt wurden, sondern höchstens die Plattenfirmen. Die Kampagne hätte lauten müssen »Copy kills Music Industry« – und mit der hatte keiner Mitleid.

Damals, im Jahr 1999, habe ich zu dem Thema ein Interview mit einem der großen Musikbosse in Deutschland geführt, der Sprecher der »Copy kills music«-Kampagne war. Ich nenne seinen Namen nicht, weil das Jahre später ein wenig unfair wäre und ich aus dem Gespräch nicht zitieren darf – sein Hausanwalt hat es nicht freigegeben. Zu Recht. Denn der Mann – und das passiert doch eher selten, wenn man mit einem Chef spricht – war von keiner Ahnung getrübt. Er wusste nicht, wie die Tauschbörsen rein technisch funktionieren, er kannte die ersten Untersuchungen aus den USA nicht, die belegten, dass im Umfeld jener amerikanischen Universitäten, in denen am meisten Musik heruntergeladen wurde, auch die Umsätze der Plattenläden gestiegen waren. Er verstand auch nicht, worauf ich mit dem Argument hinauswollte, dass die Teenager einfach keinen Grund sahen, für eine schlampige CD ohne richtiges Booklet mit einem Herstellungswert von 30 Cent 20 Euro zu bezahlen. Anstatt ein gutes Angebot zu schaffen, hatte sich die Kampagne darauf verlegt, die Musikfans zu kriminalisieren. Wie einfach das Problem in Wirklichkeit zu lösen war, zeigte ein paar Jahre später der Erfolg der Musik-Plattform iTunes von Apple: Die Leute waren durchaus bereit, Geld für Musik zu bezahlen – wenn der Service und das Preis-Leistungs-Verhältnis stimmen.

Die Kontrolle über die Verbreitungswege aber war zu den Konsumenten gewandert und die Verbindung von Fans zu Künstlern viel direkter geworden. Es kann sein, dass die Industrie auf diese Weise weniger Britney-Spears-Alben an das Kind bringt, aber: Damit kann ich gut leben. Selbst Robbie Williams kann gut damit leben. Bei der Vorstellung seines vorletzten Albums gab er zu Protokoll: »Ich bin ohnehin schon reich, ihr könnt Euch den Kram gerne herunterladen.«

Und der US-Komiker »Weird Al« Yankovic, der in den neunziger Jahren mit seine Gesangsparodien auf Michael Jackson (*I'm fat*) und Madonna (*Like A Surgeon*) berühmt wurde, spottete über die Branche in seinem 2006 veröffentlichten Lied *Don't Download This Song*, das seine Fans unter www.weirdal.com kostenlos herunterladen können:

> Don't take away money from artists just like me
> How else can I afford another solid gold Hum-Vee
> And diamond-studded swimming pools
> These things don't grow on trees
> So all I ask is, »Everybody, please ...«
> Don't download this song

Die Musikvielfalt ist durch diese Entwicklung größer geworden. Das Verbreitungsmonopol der Plattenfirmen wurde unterwandert, und ihr Einfluss bei der Vorauswahl hat sich dadurch verringert. Es häufen sich in den letzten Jahren die Geschichten von musikalischen Erfolgen, die früher, als die Welt der Musikkonzerne noch in Ordnung war, so nicht hätten eintreten können.

Die populärste dieser Geschichten aus den Anfangstagen der Online-Verbreitung von Musik ist das Comeback der Künstlerin Aimee Mann. Die US-Sängerin hatte einen Plattenvertrag, der sie auf verschiedene Weisen zwang, ihren Stil und ihr Auftreten zu verändern, um massentauglicher zu werden. Für einen Konzern ein normaler Vorgang – für eine Künstlerin wie Aimee Mann offenbar schwer zu ertragen. Sie löste den Vertrag mit ihrer Plattenfirma und gründete ein eigenes Label: Superego Records. Es war leichter geworden, auf einer eigenen, für wenig Geld betriebenen Website die eigene Platte anzubieten. So kam ihre Musik weiter in Umlauf – ohne Zutun irgendeiner Plattenfirma. Und schließlich wurde der Regisseur Paul Thomas Anderson auf sie aufmerksam, der gerade seinen Film *Magnolia* plante. Aimee Manns Lied *Save Me* wurde so etwas wie das Titelmotiv des Films, und weitere ihrer Songs kamen auf den Soundtrack. Der Soundtrack verkaufte sich gut, und *Save Me* wurde sogar für den Oscar nominiert. Auch die folgenden Alben hat Aimee Mann selbst produziert, und sie sind, beflügelt durch den Erfolg von *Save Me* wieder in jedem Laden zu kaufen. Beispiele dieser Art häufen sich in jüngster Zeit und haben einen vorläufigen Höhepunkt in der Hitze des Sommers 2006 gefunden. Es gab kein Entkommen vor dem Lied *Crazy* der Band Gnarls Barkley. Es war der Sommerhit des Jahres und gleichzeitig ein Meilenstein der Musikgeschichte: Das Lied landete in England auf Platz eins der Charts, noch bevor es im Laden zu kaufen war – nur durch Downloads.

Das Lied dokumentiert aber nicht nur die veränderte Verkaufswelt. Die Band Gnarls Barkley ist in vielerlei Hinsicht ein Produkt der neuen Selbstständigkeit, die durch Computer und Internet entstanden ist. Gnarls Barkley (ein phonetisches Spiel mit dem Namen des US-Basketballstar Charles Barkley, der als bester Spieler aller Zeiten gilt, der nie einen Titel gewinnen konnte), bestehen nur aus zwei Personen: dem Sänger Ceelo Green und dem DJ Danger Mouse, der eigentlich Brian Burton heißt. DJ Danger Mouse fiel zum ersten Mal auf, als er 2004 das *Grey Album* am Computer zusammenbastelte. Er nahm sich das *Black Album* des US-Rappers Jay-Z und das *White Album* der Beatles vor und vermixte beide Werke zu einem neuen. Das *Grey Album* kam nicht in den Handel, es wurde nur auf gebrannten CDs und im Internet weiterverbreitet, aber es war so erfolgreich, dass es bald weltweit kursierte und in vielen Musikmagazinen besprochen wurde. Die eigene Plattenfirma von Jay-Z, Roc-A-Fella-Records, klagte nicht gegen Danger Mouse – Jay-Z hatte extra eine reine Gesangsversion seines *Black Album* produziert, damit jeder es neu mixen und bearbeiten konnte. Aber die EMI Group klagte, die die Rechte am *White Album* der Beatles hält.

Nun ist aber das ganze Wesen der modernen Musik, dass sie zitiert, klaut, neu zusammenmischt, und es entbrannte eine Diskussion darüber, ob das Vorgehen von EMI nicht das Ende der kreativen Freiheit sei. Am 24. Februar 2004 boten in einer »Grey Tuesday« genannten Aktion 170 Websites das *Grey Album* von Danger Mouse zum Download an, trotz der Gefahr einer einstweiligen Verfügung durch die EMI. Es wurde an diesem Tag mehr als eine Million Mal heruntergeladen. Den Verkäufen des *Black Album* von Jay-Z hat das im Übrigen nicht geschadet. Es landete auf Platz eins der US-Charts und bekam zweimal Platin.

Ohne die neuen Freiheiten hätte es aber das *Grey Album* nicht gegeben, Danger Mouse hätte sich keinen Namen gemacht, Gnarls Barkley hätten sich womöglich nie formiert und wir wären um einen wirklich netten Sommerhit ärmer gewesen. Ich hoffe, dass der Musikboss, den ich damals interviewt habe, sich heute ein bisschen schämt für den Quatsch, den er verzapft hat (und, ja: Ich habe noch die Abschrift des Gesprächs, ich kann alles belegen!).

Durch die Autonomie der Kunden ist die Musikindustrie unter Druck geraten. Im Jahr 2000 erschien das Album *No Strings Attached* der Boyband N'Sync, die später den erfolgreichen Solokünstler Justin Timberlake hervorbrachte. *No Strings Attached* verkaufte sich bis Ende 2000 zehn Millionen Mal. Die ganze Industrie hatte sich damals auf die Vermarktung von Teeniebands eingestellt, die den jugendlichen Käufern möglichst schnell möglichst viel Geld aus den Taschen ziehen sollten. So viele CDs in so kurzer Zeit hatte vor *No Strings Attached* kein Künstler verkauft, und es wird wohl so bald nicht mehr passieren. Vermutlich sogar nie. Denn zur gleichen Zeit verbreitete sich das Download-Programm Napster, und damit die Möglichkeit, sich aus dem riesigen Angebot von Musik auf der ganzen Welt genau die Stücke herunterzuladen, die man mag, ohne gleich ein ganzes Album kaufen zu müssen. Napster war das Ende für die Idee des Albums, auf dem zwei, drei Hits den ganzen Rest an sinnlosen Songs bis in die Kinderzimmer transportierten. In den USA sanken die Verkaufszahlen vom Spitzenwert im Jahr 1999 bis ins Jahr 2005 um 20 Prozent.

Die ganze Art des Sich-Musik-Erarbeitens hat sich nebenbei geändert. Im Internet kann jeder Hörer ganz eigenen Bedürfnissen nachgehen, abseits von dem, was ihm in jedem Radiosender an immer gleichen Liedern entgegenschwappt. Ich kann mich hinausklicken aus dem Mainstream, hinein in den eigenen Geschmack. Der muss nicht immer gut sein, aber er ist vor allem nie genau damit zu befriedigen, was eine Million anderer Menschen auch gerade nicht genau befriedigt. Durch die Architektur des Internets, die für jeden ein individuelles Angebot möglich macht, sind diejenigen für die Industrie verloren, die höhere Ansprüche haben als das zu hören, was ihnen gerade vorgesetzt wird – und das sind sehr, sehr viele.

Die schmerzhaften Veränderungen, die der Musikbranche immer noch zusetzen, stehen der Filmindustrie erst bevor. Denn bei Filmen funktioniert es noch, das Hit-Prinzip. Nur heißt es dort »Blockbuster«. Ein Blockbuster wird mehr oder minder am Reißbrett geplant, es werden Stars besetzt, die eine gewisse Anziehungskraft haben, dann wird eine riesige Werbekampagne gestartet, die den Film und seine Inhalte so in die öffentliche Wahrnehmung bringen, dass er zum Gesprächsstoff wird. Der Film startet in so vielen Kinos gleichzeitig, dass er einen Löwenanteil seines Umsatzes in den ersten Tagen einspielt. Je mehr Leute am ersten Wochenende im Kino waren, umso größer ist hinterher die Mundpropaganda. Es gehen also in einen Film, der bei seinem Start sehr vielen Menschen gefallen hat, immer noch mehr Menschen rein. Der Effekt ist, dass die erfolgreichen Filme immer noch erfolgreicher werden, während diejenigen, die beim Start ins Hintertreffen geraten, auch in den Folgewochen schlechter laufen. Die wenigen supererfolgreichen Filme nehmen den weniger erfolgreichen die Zuschauer weg. Das ist, als ob sich die Qualität eines Filmes für die potenziellen Zuschauer dadurch steigere, dass schon besonders viele andere Menschen ihn gesehen haben. Tatsächlich steigert sich nur das Begehren, das Verlangen, mitreden zu können.

So lange dieser Effekt anhält, wird die Werbeschlacht im Vorfeld eines Filmstarts und der Kampf um möglichst viele Kinosäle, die ihn vorführen, nicht nachlassen. Doch auch hier zeigen sich erste Folgen der Digitalisierung, sowohl was die Mundpropaganda, die Meinungsbildung angeht, wie auch, was Herstellung und Vertrieb betrifft. Auch hier beginnen die Konsumenten und die Filmemacher eine engere, direktere Bindung einzugehen, unter schleichender Umgehung der Industrie.

Es gab einen Sendboten in der Filmindustrie, einen Vorläufer der heutigen Entwicklung: das *Blair Witch Project*. Obwohl die technische Qualität des Films, der auf Video gedreht worden war, deutlich hinter der hochklassiger Hollywood-Produktionen hinterherhinkte, war er ein Riesenerfolg. Oder gerade deswegen. Die verwackelten Videoaufnahmen waren das Stilmittel, mit dem die Macher des *Blair Witch Project* ihrem Film Authentizität verliehen. Erzählt wurde die Geschichte von drei Freunden, einer Frau und zwei Männern, die sich auf die Suche nach einer modernen Gruselgeschichte, der »Hexe von Blair« machen. Der Film erzeugt durch seine schlampige Machart den Eindruck, als würden die Zuschauer die Amateuraufnahmen der drei Protagonisten sehen – inklusive verwackelter Bilder und unerwartetem Abbruch der Szenen, wenn es besonders gruselig wird. Ein Erzählprinzip des Horrorfilms, wonach die Gänsehaut vor allem durch das entsteht, was die Zuschauer *nicht* sehen können, ist hier perfektioniert worden. Die

Glaubwürdigkeit, die durch den Videoeffekt entstand, erzeugte die Wirkung. Dass der Film einer der erfolgreichsten aller Zeiten wurde, liegt allerdings nicht nur daran, dass er so gut gemacht war, sondern auch daran, dass er so wenig gekostet hat. Ein paar Videobänder, Kameras, Handscheinwerfer und ein loser Handlungsfaden genügten. Der Film, der über 200 Millionen Dollar einspielte, kostete weniger als 40 000 Dollar. Die Werbekampagne fand fast ausschließlich im Internet statt. Viele Monate, bevor der Film in die Kinos kam, wurde eine Website freigeschaltet, auf der das Verschwinden der drei Hauptfiguren aufgearbeitet wurde, durch Interviews mit Verwandten und die Dokumentation dessen, was man angeblich im Wald von ihnen gefunden hatte. Diese Website hatte nach wenigen Wochen unglaublichen Zulauf und sorgte für die nötige Mundpropaganda, die den Film dann schließlich zu einem solchen Erfolg machte. Ohne die digitalen Video- und Schnitttechniken und ohne Internet wäre dieser Film nicht möglich gewesen. Kein Studio hätte den beiden Filmstudenten und ihrem Erstlingswerk jemals ein großes Budget anvertraut. Und wenn doch, dann hätten sie Zugeständnisse machen müssen, die den Film verdorben hätten.

Die Kosten von Großproduktionen sind in den neunziger und 2000er-Jahren in Hollywood, aber auch in Europa, immer weiter gestiegen – in Höhen, die dem Normalverdiener zunehmend abstrakt vorkommen. Ein 200-Millionen-Dollar-Budget ist in den USA keine Ausnahme mehr, aber auch deutsche Filme wie *Das Parfum* kosten 50 Millionen Euro. Menschen, die solche Beträge investieren, wollen Sicherheiten für ihr Geld. Im Fall des *Parfums* oder der 200-Millionen-Dollar-Trilogie *Herr der Ringe* sind es überaus erfolgreiche Bücher, die eine Kalkulation absichern, weil die Geldgeber annehmen können, dass die vielen Millionen Fans des Buches auch den Film sehen wollen. Sonst wird bevorzugt auf Fortsetzungen vertraut, weil der Erfolg eines Vorläufers eine ähnliche kalkulierbare Größe liefert: das Publikumsinteresse. Deswegen entstehen seit Jahren *Star-Wars*-Prequels. Darum gibt es *Rocky 6*, *Rambo 4*, *Scary Movie 5*, *Terminator 3*. Selbst vom *Blair Witch Project* wurde ein zweiter Teil gedreht, auf richtigem Filmmaterial, mit vollem Equipment und solider Finanzierung – allerdings ohne eine Idee. Der Name allein sollte die Zuschauer ins Kino ziehen. In einer Branche, die mit so riesigen Finanzierungen arbeitet, kann sich keine ungewöhnliche Idee, keine besondere Geschichte mehr durchsetzen. Denn je ungewöhnlicher und besonderer ein Produkt ist, desto höher ist das Risiko, dass es ein Flop wird oder nur ein paar Fans gefällt. Dadurch ist das große Kino in den vergangenen 25 Jahren im Gegensatz zum Fernsehen zusehends verflacht, was die Handlungen und Wendungen angeht. Und die ungewöhnlichen, die besonderen Filme werden in jüngerer Zeit auf Digitalvideo gedreht. Auf diese Weise sind sie leichter zu finanzieren. Auf diese Weise entstanden unter anderem *Borat*, *Muxmäuschenstill*, *Jackass – der Film* und *Deutschland – ein Sommermärchen*.

Das »Mini-DV« genannte Kassettenformat und die seit Jahren besser werdende Kameratechnik haben auch dem Dokumentarfilm neuen Auftrieb gegeben. Die digitale Videotechnik ist mittlerweile so gut, dass sie sich auf Kinoleinwandgröße projizieren lässt, ohne dass die Macher mit herben Qualitätsverlusten rechnen müssen. Beim Dokumentarfilm, bei dem der Regisseur im Gegensatz zum Spielfilm bei Drehbeginn noch nicht weiß, welches Ergebnis die Arbeit erzielt, ist es entscheidend, dass die Materialkosten in der Entstehung erst mal gering sind. Er kann ohne großes Team Hunderte Stunden drehen, die Kameras sind klein und einfach zu bedienen. Auf diese Weise sind Filme wie *Bowling for Columbine*, *Inside Deep Throat* oder *Supersize Me* entstanden, die es bis zu einem regulären Kinostart geschafft haben.

Hinzu kommt eine stetig steigende Menge an Zeichentrickfilmen, die mit Zeichnen nichts mehr zu tun haben: Sie werden im Computer animiert. Als der erste voll computeranimierte Film, *Toy Story*, in die Kinos kam, sind viele Erwachsene wohl noch aus Neugier hineingegangen. *Ice Age* war schon bewusst auch für Zuschauer über 12 Jahren konzipiert. Die Figur des kleinen Nagers »Scrat«, vom Regisseur Chris Wedge selbst in seiner verzweifelten

Quiekerei synchronisiert, wendet sich nur an Erwachsene. Scrat versucht den ganzen Film über in einer Paralellhandlung für die bevorstehende Eiszeit eine Haselnuss zu sichern, die er fast schon obsessiv liebt und beschützt. Er hetzt der Nuss hinterher, wenn sie ihm abhanden kommt, und wenn er sie zu fassen bekommt, dann meistens nur, um gleich wieder durch Blitzeinschlag oder eine Mammutherde von ihr getrennt zu werden. Eine moderne Sisyphos-Geschichte, die für die Handlung des Films keinerlei Bedeutung hat. Es geht nur darum, eine Ebene von Buster Keatonschem Irrsinn einzubauen, die die Zuschauer in kaum einem Hollywood-Mainstream-Film sonst erwarten dürften. Regisseur Wedge und seine Mitarbeiter haben außerdem etwas gemacht, was auch *Findet Nemo* schon geholfen hat: Sie haben die Grenzen ihrer Arbeitsmittel haarfein ausgelotet. Denn bei allen Möglichkeiten, die der Computer bietet, hat die Animation auch Grenzen. Allzu feine Regungen und Faltenzeichnungen kann der Rechner nicht nachbilden. Deswegen sehen Menschen in digitalen Trickfilmen immer ein wenig merkwürdig aus. Auch in der Tiefe der Bilddarstellung hapert es noch. Die Comic-haften Fische in *Findet Nemo* und die knallbunten Meerespflanzen sehen vor dem dunklen, unbewegten Hintergrund des Meeres optimal aus. Genauso wie *Ice Age* seine wenigen handelnden Figuren vor dem monochromen Weiß der Eiszeit zeigt. Die Grenzen der Computeranimation haben die Filmemacher also dazu gezwungen, sich Geschichten auszudenken, die innerhalb dieser Grenzen spielen können.

Gleichzeitig sind die Macher freier geworden, ungewöhnlichere Ideen zu entwickeln und umzusetzen. Weil die technischen und finanziellen Barrieren kleiner geworden sind, entstehen mehr Filme. Genauso wie es vor zwanzig Jahren bei der Musik war. Die Digitalisierung hat eine Demokratisierung der Mittel in vielen kreativen Bereichen ausgelöst, von der sowohl die Hersteller wie auch die Konsumenten profitieren. Nur die großen Musik- und Filmkonzerne profitieren nicht solange sie sich nicht auf die veränderten Methoden einstellen. Das hat für kleine Plattenlabels und Filmfirmen völlig neue Chancen eröffnet. Und auch für jeden Einzelnen, der kreativ arbeiten will.

Aus der Diashow, mit der Papa früher die Verwandtschaft gelangweilt hat, ist ein Multimediaabend geworden, mit schönen Überblendungen und passender Musik. Die hohen Schwellen, die früher durch die Kosten und die technischen Anforderungen entstanden, ebnen sich ein. Seitdem sich die Digitalfotografie durchgesetzt hat, ist es einfacher geworden, Fotos in nahezu beliebiger Menge zu produzieren, zu lagern, zu bearbeiten und zusammenzustellen. Das Foto hat sich in den vergangenen fünf Jahren stärker verändert als in den knapp 200 Jahren seit seiner technischen Entstehung. Eine Fotografie, übersetzt ein »mit Licht eingeritztes Bild«, war mal ein Unikat. Es wurde auf eine chemisch behandelte Platte hinter der Linse gebrannt, um festgehalten zu werden. Es fror den Moment ein – genau einmal. Erst Anfang des 20. Jahrhunderts wurde der Film entwickelt, der die vielfache Reproduktion eines Bildes möglich machte. Aber es gehörte immer noch technisches Knowhow und Geld dazu, ein Fotograf zu sein. Inzwischen besteht ein Bild aus Daten. Aus Daten, die beliebig oft kopiert und in nahezu unbegrenzter Menge gespeichert werden können. Die Welt ist voller Kameras, weil sie voller Handys ist, zu deren Grundausstattung die Kameras inzwischen gehören.

Wir nähern uns derzeit der magischen Verbreitungsquote von einem Handy pro Einwohner weltweit. Gleichzeitig hat sich die Qualität dieser mitgelieferten Kameras massiv verbessert. Neue Handyserien verfügen über Kameras mit 3,2 Megapixeln. Die erste professionelle Digitalkamera, die RC 701 von Canon, mit denen die Pressebilder der Olympischen Spiele 1984 in Los Angeles gemacht wurden, hatte nur 300 000 Pixel. Die eingebaute Handykamera von heute macht also zehnmal bessere, schärfere Fotos, als die Profikamera von gestern.

In Zeiten analoger Fotografie wurden in Deutschland durchschnittlich 100 Bilder pro Sekunde geschossen. Dieser Wert hat sich durch die Digitalisierung verfünffacht. 500 Bilder pro Sekunde – das sind 30000 Bilder pro Minute, 1,8 Millionen pro Stunde, über 43 Millionen Bilder am Tag! Jeden Tag. Die landen größtenteils auf Festplatten oder in Fotobörsen wir flickr, wo im Jahr 2006 bereits über 20 Millionen Bilder online waren.

Die Menschen definieren sich auf flickr oder ähnlichen Angeboten wie YouTube nicht mehr über Schrift, sondern über Bilder und Videos. Sie zeigen ihre direkte Umgebung, ihre Haustiere, was sie zu Mittag gegessen haben – sie bilden ihren Alltag ab. Im Grunde ist das moderne Höhlenmalerei, eine uralte Menschheitstechnik.

Auch durch die Durchdringung unserer Gesellschaft mit Digitalkameras wird das Geschäft schwierig für die Profifotografen – vor allem im Bereich der schnellen Berichterstattung, der Polizeireporter und Paparazzi. Denn sie werden dort überflüssig, wo die Amateure schon da sind und nicht die Qualität den Wert des Bildes bestimmt, sondern sein Inhalt. Pamela Anderson ungeschminkt, Dieter Bohlen beim Knutschen mit einer neuen Freundin, Kate Moss beim Kokainkonsum. All diese Bilder muss kein Profi machen und es kann sie auch nur selten ein Profi machen – weil nicht immer einer vor Ort ist. Der Ästhetikprofessor Bazon Brock spricht in diesem Zusammenhang von der »Professionalisierung des Publikums«. Er empfiehlt Künstlern, die moderne Medien anwenden und weiter wahrgenommen werden wollen, »sich in höherem Maße zu disziplinieren als jemand, der durch schiere Demonstration von Materialmächtigkeit Räume besetzt«. Mit anderen Worten: Wenn es immer günstiger und einfacher wird, eine Kamera zu bedienen, müssen die Profis immer besser werden, um sich von den Amateuren abzusetzen.

Das ist die Kehrseite der Selbstständigkeit. Mit einem Computer, ein paar Zusatzgeräten und einer schnellen Internetverbindung kann jeder seine eigene Produktionsfirma sein. Mit allem, was dazu gehört: Rechnungen schreiben, Risiko tragen, Unabhängigkeit, flexible Arbeitszeiten, kein Chef, aber auch keine Kollegen, mit denen man sich austauschen kann. Für jeden Einzelnen kann das Ausbeutung bedeuten, Selbstständigkeit, oder, wie in meinem Fall: Freiheit. Seit vier Jahren arbeite ich nicht mehr fest angestellt in einem Verlag oder in einer Redaktion – und es macht mir Spaß.

Dabei habe ich mich nicht total von einem Büro lösen können. Es gibt immer noch zu viel Arbeitsmaterial, das irgendwo einen Platz finden muss. Trotzdem habe ich ganz neue Orte entdeckt, an denen ich besser schreiben kann als in meinem Büro. Zugfahrten haben sich beispielsweise als ideal herausgestellt, weil sie gleichzeitig Ruhe und Bewegung bedeuten und das für mich der beste Zustand ist, um einer Idee nachzuhängen, ohne das Gefühl zu bekommen, ich verschwende meine Zeit. Mein Arbeitsplatz ist nicht mobil geworden, aber meine Arbeit. Der Zug ist der beste Ort dafür, weil ich im Auto nun mal die Hände am Steuer lassen sollte und im Flugzeug nicht genug Platz habe – dort packen nur Männer ihre Notebooks aus, die zwanghaft »Flieger« statt »Flugzeug« sagen und deren nahezu quadratische Koffer so genau in die Handgepäckablage passen, dass sonst nichts mehr hineinpasst.

Ich erzähle es gerne, auch wenn keiner fragt: Teile dieses Buches sind in München, in Hamburg, in Berlin, in Paris, auf Mallorca und in La Baule am Strand entstanden. Einfach überall dort, wo ich war, während ich es geschrieben habe. Ich habe keinen Urlaub gemacht an diesen Orten, ich habe gearbeitet, Freunde besucht, oder ich wollte meinem Berliner Alltag entkommen, um in Ruhe schreiben zu können. Dabei haben mich mein Handy und mein tragbarer Computer begleitet, der inzwischen alles kann, was früher ein Büro leisten musste. Ich habe alle wichtigen Unterlagen darauf gespeichert, mit einer W-Lan-Karte kann ich mich an den meisten Orten dieser Welt ins Internet einwählen oder meine Mails abrufen. Erreichbar bin ich über mein Handy ohnehin überall, wenn ich will. Es ist egal geworden, wo ich bin, wenn ich schreibe, deswegen laufe ich manchmal lieber durch den Sand von La Baule als durch die Straßen von Berlin, wenn ich zwischendurch einen Kaffee trinken will. Ehemalige Kollegen kommentieren das gerne mit Sätzen wie »Du hast ein Leben!« oder »Das nennst Du arbeiten?«. Aber es steht den meisten ja frei, dasselbe zu tun, wenn sie das Risiko tragen möchten und im Umkehrschluss damit leben können, dass es praktisch nie wirklich Urlaub gibt – zumindest keinen bezahlten – und dass ich wirklich alles selbst machen muss. Ich bin nicht sicher, welcher Arbeitsentwurf der bessere ist. Seit Jahren habe ich Sehnsucht nach fester Arbeit in einer Redaktion, wenn ich lange zu Hause oder unterwegs gearbeitet habe. Und wenn ich dann ein paar Wochen in einer Redaktion arbeite, freue ich mich wahnsinnig, wieder in meinem Büro zu sitzen und meinem eigenen Takt zu folgen. Vor allem aber: Wenn ich die Wahl habe dazwischen, eine Wahl zu haben oder eben nicht – dann habe ich lieber die Wahl.

Kapitel 8

Wir brauchen mehr Medienkompetenz

Die gesellschaftlichen Veränderungen durch Medien sind unumkehrbar. Umso merkwürdiger ist es, dass die häufigsten Ratschläge, die man zu hören bekommt, darauf hinauslaufen, sich der digitalen Technik zu entziehen. Dass es als schick gilt, sich Zustände wie vor hundert Jahren herbei zu wünschen, als es noch keine Handys gab, mit denen wir überall erreichbar waren. Als es noch keine Computer gab, die wir beherrschen lernen mussten. Ich hingegen denke immer daran, wie es vor hundert Jahren wohl beim Zahnarzt gewesen ist, und bin sehr zufrieden mit der Gegenwart. Und es gilt, wie bei allen großen gesellschaftlichen Entwicklungen, Albert Einsteins Bild vom selbstbestimmten Menschen: Er ist wie eine Mücke, die glaubt, dass sie völlig frei, nach ihrem Willen herumschwirrt – aber in Wirklichkeit fliegt sie in einem Zug, der von München nach Hamburg fährt.

Die Zeiten ändern sich, die Welt dreht sich weiter. Daran können wir in den allermeisten Fällen nichts ändern. Was wir ändern können, ist unsere eigene Haltung dazu. Eine Fülle von neuen Medien hat sich im Verlauf von hundert Jahren in unserer Gesellschaft etabliert. Man kann sagen: Sie stärken uns. Man kann auch sagen: Sie erschlagen uns. Beides ist korrekt. Für die zweite Behauptung bekommt man mehr Applaus. Es ist eine regelrechte Warnungsindustrie entstanden, die sich nur damit beschäftigt, die diffusen Sorgen der Menschen mit Argumenten zu füttern. Nur ist damit niemandem gedient. Es entsteht kein Nutzen daraus, es ist nur die Manifestation eines dumpfen Überforderungsgefühls. Aber wer

Abstand hält zu Computer und Internet, zu Handy und Fernsehen, der hält auch Abstand zu einer immer größer werdenden Mehrheit unserer Gesellschaft. Er schließt sich aus und verpasst etwas. So wie ein Analphabet, der jede Tätigkeit zu vermeiden versucht, in der seine Schreib- und Leseschwäche auffliegen könnte, tarnt er sich mit düsteren Zukunftsvisionen und Technikphobie. Dabei ist es recht einfach, den Umgang mit modernen Medien zu lernen. Ich muss nur irgendwann damit beginnen. Ich darf die Nerven nicht verlieren und muss Geduld haben. Und ein paar gute Freunde, die sich bereits auskennen. Und es darf mir nicht peinlich sein, dass ich jetzt erst damit anfange. Und ich brauche einen starken Antrieb. Der mag darin bestehen, dass ich gerne spiele oder den Dachboden via ebay entrümpeln will oder den Familienstammbaum im Internet erforschen oder mein eigenes Fernsehprogramm zusammenstellen möchte – egal. Wenn ich erst angefangen habe, läuft alles von selbst und ehe ich mich versehe, bin ich drin im Mahlstrom der Möglichkeiten und stelle fest, dass in einem Leben gar nicht genug Zeit bleibt, um all das zu machen, was ich gerne machen würde. Nun, da ich die Technik beherrsche, muss ich lernen, dass sie mich nicht umgekehrt ebenfalls beherrscht. Zumindest nicht allzu sehr.

Als ich mit der Arbeit an diesem Buch begonnen habe, hat mir ein Kollege den folgenden Merksatz zur Arbeitsdisziplin gesendet: »Ein guter Schreiber zu sein, bedeutet zu 3 Prozent Talent und zu 97 Prozent, sich nicht vom Internet ablenken zu lassen.« An Tagen, an denen ich mich schwer tue, mich zur Arbeit zu motivieren, ist das Internet wie ein schwarzes Loch, in das ich hineingesogen und mit sechs, sieben Stunden weniger Lebenszeit wieder ausgespuckt werde. Will ich deswegen darauf verzichten? Nein. Ich kann keinen Nachteil daran entdecken, dass ich meine Überweisungen zu Hause am Computer ausfülle und einen Großteil meiner Kommunikation per E-Mail erledigen kann. Nur kostet all das Zeit – ganz abgesehen von den kleinen Gags und Filmchen, die mir vor allem meine fest angestellten Freunde schicken, die offenbar große Teile ihres Arbeitstages darauf verwenden, auf YouTube herumzusurfen. An einem unkonzentrierten Tag, den man mit dem Beantworten von Mails verbringt, seine Lieblingsseiten anklickt, seine Online-Auktionen checkt und noch schnell eine SMS tippt, kann so viel Zeit mit klicken und senden vergehen, dass man nur noch eine Simulation von Arbeit erzeugt. Von außen betrachtet sieht es inzwischen ja alles gleich aus: Wir sitzen vor einem Bildschirm.

Deswegen habe ich mir, als Löwenanteile dieses Buches entstanden, eine Schreibroutine zurechtgelegt: Morgens stehe ich so um acht Uhr auf und setze mich direkt mit einem Kaffee an den Rechner. Am Abend vorher habe ich mein Handy ausgemacht (auf meinem Festnetz ruft ohnehin kaum noch jemand an, weil meine Handynummer die einzige ist, die sich in den vergangenen zehn Jahren nicht geändert hat). Ich ziehe den Stecker meiner »W-Lan«-Box aus der Wand, damit ich keine E-Mail empfangen und nicht »mal schnell was im Internet nachgucken kann«. Meine Spielkonsole habe ich abgeklemmt und weggepackt, einfach weil damit die Hürde größer wird, mich abzulenken. Einfach mal kurz hinsetzen und spielen ist eine nette Unterbrechung an einem konzentrierten Arbeitstag – aber schnell ist die Unterbrechung drei Stunden lang und der Tag verloren. Ich muss mich, meine Konzentration und meine Arbeit vor mir selbst schützen. Denn nicht das Internet, die Mails, der Fernseher und die Videokonsole sind daran schuld, dass ich mich ablenken lasse, sondern einzig und allein ich selbst.

Ich wäre gerne anders, aber ich bin Mitte dreißig und rechne nicht mehr damit, dass sich meine Gewohnheiten noch groß ändern. So werde ich mich selbst weiterhin ein wenig bevormunden und von all den kommunikativen Versuchungen fernhalten müssen. Ich schalte also ab, im wahrsten Sinne des Wortes, und in der digitalen Stille kann ich mich wunderbar konzentrieren und fühle mich auf erfrischende Art unverbunden mit dem Rest der Welt. Die beste Stimmung, um zu schreiben. Und wenn ich mein Pensum erfüllt habe, schalte ich mich und alle Geräte wieder ein.

Wenn ich am frühen Nachmittag meine »W-Lan«-Box einstöpsele und mein Handy anmache, kommt es mir vor, als sei die Mailbox kurz vor dem Bersten vor lauter Kontaktversuchen, die mir die Welt um mich herum gesendet hat. Ein schönes Gefühl. Wenn ich viele Mails bekommen habe und anfange sie zu beantworten, habe ich manche Antworten auf meine Antworten bereits wieder, bevor ich alle abgearbeitet habe. So hält sich dieses Kommunikationsverhalten selbst in Bewegung wie ein digitales Laufrad.

Für die Arbeiter, die damit immerhin dem Marschtakt des Industriezeitalters und vielleicht sogar ihrem Arbeitsplatz, einem Schreibtisch, und fest gefügten Zeiten entkommen sind, entstehen daraus neue Anforderungen, die Charles B. Wang, einer der drei Gründer von »CA Inc.«, einem der größten Software-Konzerne der Welt, so zusammengefasst hat: »Nur diejenigen werden Erfolg haben, die neue Kommunikationsmedien kompetent verwenden, die also den Grat finden zwischen gesteigerter Produktivität und durchaus möglicher Zeitverschwendung.«

Aber für immer mehr Berufstätige ist es nun mal so, dass E-Mail-Schreiben keine Unterbrechung, sondern Teil der Arbeit ist und Konferenzen oder Besprechungen ersetzt. Ich habe mir mittlerweile feste Zeiten am Tag eingerichtet, an denen ich E-Mails lese und beantworte. Dazwischen ist Ruhe. Als ich 1994 mit Internet und E-Mails angefangen habe, war das noch ganz anders. Ich musste mit einem Internetbrowser namens »Mosaic« ins Netz gehen, der unendlich viele Möglichkeiten bot und deswegen kaum zu bedienen war für Menschen, die ihn nicht programmiert hatten. Und auch die Webseiten, die ich mir ansah, krochen förmlich durch mein 56k-Modem, das dabei Geräusche machte wie ein Flugsaurier im Todeskampf. Zum Vergleich: Heute habe ich zu Hause eine 6000mbit-Verbindung. Die Geschwindigkeit hat sich also theoretisch mehr als verhundertfacht.

Ich besorgte mir anfangs eine E-Mail-Adresse bei Compuserve, einem großen Mail-Dienst, dem Vorgänger von AOL. Eine Compuserve-Adresse, eine zehnstellige Nummer mit der Adressierung »@compuserve.com« war ein bisschen wie der Autoaufkleber »Anfänger«. Wer sich bei Compuserve anmeldete, gab damit gleichzeitig zu, dass er so was wie Unterstützung – »Support« – brauchte. »Support« lässt sich übrigens schön verächtlich aussprechen, habe ich damals feststellen müssen, wann immer ich mit Profis im Gespräch war. Ich hatte praktisch niemanden, mit dem ich mailen konnte – denn außer den Profis, die mich wegen meiner Compuserve-Adresse verachteten, war in Deutschland kaum jemand online. Echte Männer hatten E-Mail-Adressen, die darauf verwiesen, dass sie morgens bereits Speicherplatinen anstatt Cerealien in ihre Milch schütteten. Am besten Vorname@nachname.de. Dieselben Männer – und es waren fast ausschließlich Männer – mussten auch, bevor es den »Mosaic«-Browser gab, die komplexe Maschinensprache »Unix« beherrschen, um ins Internet zu kommen. Mit heutigen Programmen wie »Firefox« ist das alles so einfach geworden, dass es auch ältere Damen mit Hut können. Das passt den Männern der ersten Stunde natürlich nicht, weil all ihr in Jahren angehäuftes Spezialwissen damit entwertet wird. Wem nutzt es schon, dass er mit einem Stein und einem Stück Holz Feuer machen kann, wenn es in jedem Supermarkt Streichhölzer gibt? Die Profis haben sich auf die nächste Unverständlichkeitsstufe zurückgezogen und installieren inzwischen »Linux«-Betriebssysteme auf ihren Computern – und auch das wird immer einfacher. Für die große Masse der Menschen ist es kinderleicht geworden, ins Internet zu gehen oder Mails zu schicken. Oder vielleicht sollten wir in diesem Zusammenhang eher von »omaleicht« sprechen, weil es ja vor allem die Älteren sind, denen der Zugang zu Neuem schwer fällt. Während ich also in der Anfangszeit noch nach Kommunikationspartnern für die neuen Techniken suchte, bin ich inzwischen auf der Flucht vor allzu viel Information. Diese fundamentale Veränderung muss veränderte Verhaltensweisen nach sich ziehen. Das Fernsehen, das meinen Alltag schon am längsten begleitet, ist ein gutes Beispiel, wie sich Medienumgang von selbst regulieren kann. Ich war noch ein Jugendlicher, als der Sendeschluss verschwand und es immer mehr Programme wurden. Ich habe unglaublich viel ferngesehen, einfach weil es da war. Und weil auf RTL irgendwelche Schweinefilmchen liefen. Aber je mehr Programme es gab, je mehr Werbung gezeigt und je unüberblickbarer das Angebot wurde, umso mehr hatte ich das Gefühl, einfach nur Zeit zu verschwenden. Schließlich sahen sich die Pappkulissen und die Show-Ideen einander so ähnlich, dass ich kaum noch eine Sendung von der anderen unterscheiden konnte und in Werbeblöcken vergaß, was ich gerade gesehen hatte. Wenn ich vier Stunden vor der Glotze hing, konnte ich am nächsten Tag nicht wiedergeben, was ich gesehen hatte. Es war, als schüttete man andauernd Wasser in ein Glas, obwohl es schon voll ist. Irgendwann habe ich eingesehen, dass ich mit einem Buch oder einem Videospiel sehr viel besser unterhalten bin.

Heute schalte ich den Fernsehapparat nur noch an, wenn ich weiß, was ich sehen will oder eine DVD einlege. Fernsehen als Selbstzweck kommt praktisch nicht mehr vor, weil ich mich danach fühle, als hätte ich den ganzen Abend lang auf alten Socken herumgekaut. Denselben Lernprozess mache ich durch, wenn ich heute einen Abend lang chatte und mich im Internet herumtreibe. Das ist zwar um einiges aktiver, kommunikativer und kreativer als fernsehen, aber direkt gut schlafen kann ich danach auch nicht. Also gewöhne ich mir gerade an, den Rechner früher auszumachen und länger zu lesen, weil ich davon einfach besser aufwache am kommenden Tag.

So bilden sich meine Regeln, aber daraus allgemeingültige Regeln zu machen, wäre unstatthaft. Die Experten, mit denen ich für dieses Buch gesprochen habe, sehen es genauso. Regeln sind leider nur so gut, so individuell sie gemacht sind. Mir bekommt es, wenn ich vormittags meine Ruhe habe, ab Mittag meine Kommunikation mit dem Rest der Welt aufnehme und am späteren Abend Freunde treffe, lese, einen Film sehe. Mein Freund Peter Glaser, ein kluger Mann, »Ingeborg-Bachmann«-Preisträger und ein von mir bewunderter Autor, der mich damals, 1994, mit spannenden Geschichten ins Internet gelockt hat, macht es anders. Er schreibt und arbeitet nachts, weil da die Welt so schön ruhig ist. Vormittags schläft er, abends wird kommuniziert. Wer tagsüber in einer Firma sitzt und abends zu Frau und Kindern nach Hause kommt, wird wieder einen anderen Rhythmus finden müssen. Daraus folgt, dass jeder sich seine Regeln im digitalen Zeitalter selbst macht.

Wer für andere Regeln macht, versucht meistens denen, die keine Orientierung haben, einen Leitfaden an die Hand zu geben. Das verlangt, dass er für alle Menschen die gleichen Rahmenbedingungen annimmt. Das hat früher schon nicht funktioniert und stimmt immer weniger, je individueller unsere Alltagsgestaltung wird. Deswegen ist es so wichtig, dass jeder selbst seine eigene Orientierung findet.

Wir hatten hundert Jahre Zeit, uns an das Kino zu gewöhnen. Achtzig Jahre, um mit dem Radio klarzukommen. Fernsehen gibt es in Deutschland als Massenmedium seit gut vierzig Jahren. Der ganze große Rest ist erst in den vergangenen zehn Jahren in das Leben der meisten Menschen getreten. Es gibt kaum Forschung zu den Auswirkungen und nur eine sehr einseitige Berichterstattung. Doch was uns die riesigen Umwälzungen bringen werden, wissen wir noch nicht. Es gibt keine Langzeitstudien, weil das im Wortsinn schon unmöglich ist. Die werden jetzt erst begonnen und in ein paar Jahren vielleicht verlässlichere Daten liefern als die reine Mengenstatistik, mit der zurzeit versucht wird, irgendwelche Trends miteinander zu verbinden – und Äpfel mit, nun ja, Radieschen zu vergleichen.

So versorgt das »Kriminologische Forschungsinstitut Niedersachsen« mit gewisser Regelmäßigkeit die Öffentlichkeit mit Zahlen, aus denen Erkenntnisse abgeleitet und als Hiobsbotschaften in die Zeitungen und Zeitschriften gefiltert werden. Anfang 2006 stand im *Spiegel* Folgendes zu lesen: »Je mehr Zeit Kinder vor dem Fernseher oder der Spielkonsole verbringen, desto schlechter sind ihre Schulleistungen.« Das Kriminologische Forschungsinstitut hatte 6000 Schüler der vierten und 17000 Schüler der neunten Klasse befragt und ihren Medienkonsum mit ihren schulischen Leistungen in Zusammenhang gesetzt. Erst am Ende der Meldung wurde darauf verwiesen: »Eine wichtige Rolle spielt auch der Bildungshintergrund der Eltern.«

Der allerdings spielt die ganz entscheidende Rolle! Fernsehen oder Videospielen macht Kinder nicht dumm. Aber Eltern, die ihre Kinder geistig verwahrlosen lassen, haben wahrscheinlich auch keine Skrupel, sie den ganzen Tag vor der Glotze hängen zu lassen. Und sie wundern sich auch nicht, wenn ihre Kinder stundenlang Ballerspiele spielen. Die Sprachlosigkeit und das Desinteresse in solchen Familien sind das Problem – nicht der Computer. Er ist das Symptom einer Verwahrlosung, nicht die Ursache.

Die komplexe Wirklichkeit jeder einzelnen Existenz lässt sich empirisch leider nicht erfassen. Und die eines einzelnen Kindes in der heutigen Zeit schon gar nicht.

Hier zeigt sich das Problem und auch die Hilflosigkeit von Statistiken. Es lässt sich so viel mit ihnen belegen. Es werden einfach zwei Zahlen in Beziehung zueinander gesetzt und schon springen genügend Menschen darauf an, weil es einfache Formeln sind. Der Erfolg der Warnungsindustrie, die rund um das Thema entstanden ist, liegt darin, die Eltern, das Umfeld, aber auch die Lehrer zu entlasten. Ihnen die Verantwortung zu nehmen, indem so getan wird, als seien das alles verobjektivierte Vorgänge. Als sei es biologisch nachweisbar, dass, wer fernsieht, brutal wird. Puh, wenn das so ist: Dann sind wir ja nicht verantwortlich!

Nur leider sind die ehrlichen Antworten viel komplizierter, als die Zahlen es dokumentieren. Verantwortung ist das Wesen von Erziehung und auch der Kern einer intelligenten Gesellschaft. Der Reflex, sie abzugeben, ist menschlich. Aber die Notwendigkeit, sie zu tragen, ist groß. Sonst kommen besorgte Eltern, Lehrer, Betreuer, Freunde bei diesen Themen nicht weiter – weder was die eigene Lebensführung angeht, noch was die Erziehung betrifft.

Am 26. April 2002 marschierte der 19-jährige Robert Steinhäuser durch die Gänge des Gutenberg-Gymnasiums in Erfurt und erschoss sechzehn Menschen, bevor er sich selbst das Leben nahm. Steinhäuser war kurz zuvor von der Abiturprüfung ausgeschlossen worden, ohne dass seine Eltern darüber informiert wurden. Er stand ohne jeden Schulabschluss da. Die beiden Waffen, die er bei seiner Tat bei sich führte, eine Glock und eine sogenannte »Pumpgun« hatte er korrekt erworben, Steinhäuser besaß einen Waffenbesitzschein, den er beim Erfurter Polizeisportverein gemacht hatte. Die Gründe für die Tat sind vielfach diskutiert worden. Da Steinhäuser sich nach seiner Tat selbst erschoss, hat er den Überlebenden nur Rätsel hinterlassen.

Gespenstisch war neben der grausamen Tat, zu beobachten, was sich in den nächsten Tagen politisch abspielte, als bekannt wurde, dass Steinhäuser *Counter-Strike* gespielt hatte, einen sogenannten »Ego-Shooter«. In den Ego-Shootern, die seitdem »Killerspiele« genannt werden, hatte man einen schnell fassbaren Grund für die unfassbare Tat gefunden. Der bayerische Innenminister Beckstein war auf der Suche nach einem Schuldigen auf die Bezeichnung gekommen, und so steht es vier Jahre später wirklich im Koalitionsvertrag: »Killerspiele«. Allein die Kombination der Wörter »Killer« und »Spiel« deutet an, dass dort, vor dem Computer, kaltblütige Mörder heranwachsen, ohne dass die Eltern, die Lehrer und das gesamte Umfeld etwas davon mitbekommen könnten. Das wäre eine wirklich tröstliche Lösung: Man verbietet einfach alle diese Spiele und ein Fall wie der des Robert Steinhäuser könnte nicht mehr vorkommen.

Wer sich intensiv mit dem Thema befasst, kann sich nur wundern, dass ein Verbot die einzige Idee ist, die Politiker vorbringen. So wird an den eigentlichen Problemen vorbeidiskutiert, die darin bestehen, dass immer mehr Jugendliche in Deutschland unter Bildungsmangel, sozialem Druck und Ausgrenzung leiden und ein erhöhtes Gewaltpotenzial entsteht. Wobei: Eigentlich muss sich da niemand drüber wundern, denn *dafür* wären ja die Politiker verantwortlich, also zeigen sie mit dem Finger auf Computerspiele und versuchen sich zu profilieren.

Weil die grundsätzlichen Probleme weder gelöst sind, noch überhaupt diskutiert werden, ist es auch kein Wunder, dass sich dieselbe Mechanik vier Jahre später wiederholt.

Am 20. November 2006 sollte der 18-jährige Sebastian B. vor einem Jugendgericht erscheinen, wo wegen des illegalen Besitzes einer Walther P38-Handfeuerwaffe gegen ihn verhandelt werden sollte. Stattdessen ging er an diesem Tag in seine ehemalige Schule. Er war bewaffnet mit zwei abgesägten Gewehren und Sprengstoff und schoss mehrere Menschen an, bevor er sich selbst eine Kugel in den Kopf jagte. Er wollte eine Abschiedsvorstellung, einen Amoklauf wie in Littleton oder Erfurt. Sebastian B. war einsam, verzweifelt, frustiert und hasste seine Mitmenschen. Er fühlte sich von ihnen belächelt und ausgegrenzt. Sebastian B. spielte auch Killerspiele, wie *Doom* oder eben: *Counter-Strike*.

Sebastian B. war ein Waffenfanatiker und fotografierte sich gerne in Militärkluft oder schwarzen Klamotten mit einer Waffe im Anschlag. Seine Mitschüler wussten das, einige haben sich gelegentlich an seinen Hass-Spielchen beteiligt. Trotzdem hat keiner von ihnen geglaubt, dass er seine Fantasien in die Tat umsetzen würde. Auf Sebastians Webseite war zu lesen: »Ich hasse euch und eure Art! Ihr müsst alle sterben. Ich habe mir Rache geschworen! Diese Rache wird so brutal und rücksichtslos ausgeführt werden, dass euch das Blut in den Adern gefriert. Bevor ich gehe, werde ich euch einen Denkzettel verpassen, damit mich nie wieder ein Mensch vergisst!«

Er hörte Death-Metal-Musik und träumte von einer Karriere bei der Bundeswehr. Seinen Realschulabschluss hatte er, nach zweimaligem Sitzenbleiben, mit solidem Notendurchschnitt gemacht, und seine Schule gilt nicht als sozialer Brennpunkt. Aber seine Aggression richtete sich auf der Webseite gegen die Schule und seine Mitschüler. »Ich hasse es, ich hasse es, immer der Doofmann für alle zu sein. Ich hasse es, immer als Depp hingestellt zu werden. Ich hasse es, immer das Individuum zu sein, welches als überflüssig erscheint«, schrieb er in einem Abschiedsbrief, den er kurz vor seiner Tat ins Internet stellte. Besonders den Lehrern galt seine Verachtung: »Denn das sind die Menschen, die gegen meinen Willen in mein Leben eingegriffen haben und geholfen haben mich dahin zu stellen, wo ich jetzt stehe; auf dem Schlachtfeld!« Weiter schrieb er:

»Das einzige, was ich intensiv in der Schule beigebracht bekommen habe, war, dass ich ein Verlierer bin.« Dann ging er los, um seine Mitschüler und sich selbst zu töten.

Auf unglaubliche Weise wiederholten sich die Diskussionen, die es schon wegen der Tragödie von Erfurt gegeben hatte. Sebastians Eltern hatten nichts gemerkt, genau wie bei Robert Steinhäuser. Nach Erfurt hatten Experten eine psychologische Betreuung an Schulen gefordert, was diskutiert, aber nie umgesetzt wurde. Der nordrhein-westfälische Landesverband für Schulpsychologie hat darauf hingewiesen, dass es in Deutschland auf 12500 Schüler nur einen Psychologen gibt. Damit liegt Deutschland im OECD-Vergleich vor Malta an vorletzter Stelle. In Skandinavien und Russland liegt das Verhältnis bei etwa 1:1000.

Der Präsident des deutschen Lehrerverbandes, Josef Kraus, kritisierte, dass teure Präventionsmaßnahmen wie die Verkleinerung von Schulklassen oder das Einstellen von mehr Lehrern und Betreuungspersonal ignoriert würden, »stattdessen wird Aktionismus betrieben, etwa mit dem Verbot von Handys oder MP3-Playern an Schulen. Das kostet nichts, bringt aber auch nichts.« Das Waffengesetz war zwar nach Erfurt verschärft worden, aber Sebastian B. konnte trotzdem einen Waffenschein machen und sich Waffen verschaffen.

Die deutlichste Parallele zwischen Erfurt und Emsdetten: Edmund Stoiber und Christian Wulff forderten nach Sebastian B.s Tat ein Verbot von Killerspielen. Es war ihre einzige Idee zu dem ganzen Drama.

Es ist nichts dagegen zu sagen, gewaltverherrlichende Spiele und Filme zu verbieten oder auf den Index zu setzen. Höchstens vielleicht, dass man sie damit noch interessanter und begehrenswerter macht. Ich erinnere mich, dass in meiner Jugend ein eigentümlicher Reiz ausging von Horrorfilmen wie *Texas-Kettensägen-Massaker* oder *Tanz der Teufel*, die in Deutschland verboten waren. Es gab immer irgendjemanden, der jemand anderen kannte, der den Film irgendwoher besorgt hatte und überspielen konnte. Da saß ich dann vor einer schlechten Videokopie und sah mir mit Freunden einen ekligen C-Movie an, um mitreden zu können.

Fakt ist: Gewaltspiele sollen verboten werden, solange der Effekt von Gewaltspielen auf Kinder und Jugendliche nicht geklärt ist. Wichtig ist, dass der Effekt wirklich nicht geklärt ist, auch wenn einige Menschen das behaupten. Diese Spekulationen beginnen mit statistisch zusammengeflickten Behauptungen wie etwa des Biologen Manfred Spitzer, der meint: »Wären Bildschirme nie erfunden worden, dann gäbe es allein in den USA jährlich etwa 10 000 Morde und 70 000 Vergewaltigungen weniger sowie 700 000 weniger Gewaltdelikte gegen Personen.« Im Gegensatz dazu erklärt Achim Hackenberg, Medienwissenschaftler an der Freien Universität Berlin, dass die entscheidende Frage sei, wie Spieler auf den kurzfristigen Aggressionsschub reagieren: »Vielleicht können sie ja sogar durch Computerspiele lernen, mit solchen Aggressionssituationen im Alltag umzugehen.« Denn üblicherweise muss man bei einem Computerspiel wie *Counter-Strike* lernen, seine Wut zu beherrschen – sonst verliert man.

In diesem Tenor reagierte auch Thomas von Treichel, der Pressesprecher der World Cyber Games, den Olympischen Spielen der Computerspieler, auf die Tat von Sebastian B.: »Alles deutet darauf hin, dass der Täter krankhaft aggressiv und militaristisch war und seine Fantasien offen zur Schau trug. Er hat vielleicht auch mal *Counter-Strike* gespielt, aber er war keiner unserer Spieler. Denn in diesem Spiel geht es um Teamplay und Taktik, also um Besonnenheit, nicht um die Befriedigung persönlicher Aggressionen.« Seiner Meinung nach hat das Spiel nichts mit der Tat zu tun, »denn *Counter-Strike* ist alles andere als realitätsnah«.

Thomas von Treichel spricht von 400 000 Menschen, die an *Counter-Strike*-Wettbewerben teilnehmen und im Netz gegeneinander spielen. Die absolut erdrückende Übermacht von *Counter-Strike*-Spielern, über 99,9 Prozent, werden also nicht zu Mördern. Deswegen haben die Spieler auch so wenig Verständnis für die Verbotsdebatte. So wie jemand, der abends mal ein Bier trinkt, auf ein Alkoholverbot reagieren würde, das verhängt wird, weil ein Mensch am anderen Ende der Welt unter Alkoholeinfluss andere Menschen umgebracht hat. Dabei klingen die Verteidigungsreden der Spieler so, wie Islam-Gläubige ihren Glauben verteidigen, wenn Selbstmordattentäter sich auf ihn berufen haben. Und hier wie dort ist es wohl so, dass es als Grundlage für verwirrte Geister herhalten muss – aber dass es überhaupt nichts miteinander zu tun hat, stimmt leider auch nicht.

Es wirkt sehr plausibel, dass Robert Steinhäuser, Sebastian B. und die Amokläufer von Littleton Computerspiele und Gewaltfilme als Inspiration für ihre Taten genutzt haben. Das Phänomen ist recht alt und schon als Werther-Syndrom in die Kulturgeschichte eingegangen. Viele junge Männer brachten sich nach der Lektüre von Goethes Klassiker in der gleichen Manier um und hatten Ausgaben der *Leiden des jungen Werther* in der Fracktasche. Auch damals gab es den Ruf, das Buch zu verbieten. Aber Werther verbieten, oder *Counter-Strike*? Damit überschätzten wir die Macht der Medien. Wenn es nützen würde: gerne. Allein, mir fehlt der Glaube.

Rein statistisch scheint es eine gute Lösung zu sein, denn die Überschneidung von Amokläufern an deutschen Schulen, die sechzehn Menschen erschossen haben, und die gleichzeitig Gewaltspiele gespielt haben, liegt bei 100 Prozent. Nur ist es leider so, dass kein Forscher der Welt heute eine Erkenntnis aus der Überschneidung zwischen Computerspielern und Gewalttätern mehr belegen können muss – denn es spielen ja fast alle Jugendlichen. Die Quote, mit der ich belegen könnte, dass »Killerspiele«-Spieler zwangsweise jemanden umbringen, liegt einerseits bei 100 Prozent, denn Steinhäuser und Sebastian B. haben sie beide gespielt. Andererseits liegt die Quote im kaum messbaren Bereich, denn es gibt unter Millionen Spielern genau zwei, die es getan haben. Menschen, auch sehr junge Menschen, tun sich und anderen Gewalt an. Die Gründe, warum das so ist, sind vielfältig. Perspektivlosigkeit, mangelndes Empathievermögen, Verrohung. Was bleibt, ist die Forderung der Politiker nach einem Verbot der Killerspiele – und nicht mehr. Aber dass die Probleme, die eine Gesellschaft mit jugendlichen Gewalttätern hat, damit gelöst werden, ist unwahrscheinlich. Auch statistisch gesehen.

An der Hochschule für Musik und Theater in Hannover wurde vor kurzem eine Forschungsstelle für Computerspiele in Deutschland geschaffen. Eines der interessantesten Forschungsgebiete ist ihre Wirkung auf das soziale Verhalten. Das wurde in Hannover in zweijähriger Arbeit und 1000 Interviews am Beispiel von Rennspielen getestet. Nahezu alle Rennspiele arbeiten mit massiven Verstößen gegen Verkehrsregeln. Es ist überhaupt erst der Reiz der virtuellen Welt, dass man gegen die Regeln der echten Welt verstoßen kann, dass die Gesetze (bis hin zu denen der Physik) keine Wirksamkeit mehr haben, ohne dass der Spieler die Konsequenzen tragen muss. Also wurde in Hannover intensiv der Realitätsbezug erforscht, den die Testpersonen zum Spiel herstellten. Die Probanden wurden, nachdem sie eine ganze Weile in einem Rennspiel vor sich hingeheizt waren, in einen Fahrsimulator gesetzt, in dem sie sich der Straßenverkehrsordnung und den Regeln der Schwerkraft anpassen mussten. Die Forscher kamen zu dem Ergebnis: »Der Effekt von Rennspielen ist verschwindend gering.« Die Testfahrer hielten Sicherheitsabstand, setzten Blinker, beachteten Warnzeichen. Sie schalteten sofort um auf das, was verlangt wurde.

Auch bei Ballerspielen ist der Erkenntnisstand nicht größer. Es ist zwar nachgewiesen, dass während des Spielens von »Ego-Shootern« Aggressionen auf neurobiologischer Ebene ansteigen, aber welche Wirkung das auf reale Handlungen hat, ist nicht abzuschätzen. Die Wirkung entsteht nur im Moment, ähnlich, wie wenn man es mit einem aggressiven Fahrgast in der U-Bahn oder einer unhöflichen Bedienung zu tun hat. Veränderungen in der Persönlichkeit hingegen werden eher im Elternhaus, in der Schule oder im Freundeskreis angestoßen.

Computerspiele haben eine enorme Sogwirkung, wenn sie gut gemacht sind. Ein Spieler wird – das ist keine wissenschaftliche Erkenntnis, sondern eigene Beobachtung – nervös und manchmal sogar genervt bis zur Aggression, wenn er richtig in ein Spiel eingetaucht ist. Er bildet um sich herum eine hermetische Blase, in der er verbunden ist mit den Ereignissen auf dem Bildschirm. Bereits die Frage, ob er vielleicht etwas essen möchte, wirkt als Störung. Das geht so weit, dass er von dem, was da auf dem Bildschirm stattgefunden hat, träumt oder plötzlich, bei einer ganz anderen Tätigkeit, eine Idee hat, wie er im Spiel weiterkommen könne und diese am besten gleich umsetzen möchte. Trotzdem verwechselt der Spieler nicht Spiel und Wirklichkeit. Abgesehen von Einzelfällen glaubt niemand, dass die künstliche Welt im Computer der echten gleiche oder auch nur ähnlich sei. Es ist gerade der Reiz des Spieles, dass es nicht so ist. Der Spieler taucht ein in die Fantasiewelt, die er sich erarbeiten muss. Dass er wieder in die Realität zurückgekehrt ist, merkt er schon daran, dass das Geschirr immer noch nicht abgewaschen ist, die Hausaufgaben nicht gemacht sind und der Lebenspartner ratlos mit dem Kopf schüttelt, weil wieder drei Stunden vergangen sind, seitdem der Spieler zum letzten Mal »nur noch fünf Minuten« gesagt hat. Was der Spieler im Umgang mit Computerspielen lernen muss ist nicht, dass sie keinen Bezug zur Realität haben – sondern wie er mit ihnen umgeht, wie er sie nutzen und genießen kann, ohne dass die Anforderungen der realen Welt in Mitleidenschaft gezogen werden.

Verbote auszusprechen oder einen ganzen Kulturzweig zu diskreditieren – und die meisten erfolgreichen Computerspiele sind Kulturerzeugnisse wie Kinofilme oder Fernsehserien –, ist schlicht dumm. Was hingegen hilft, ist, sich so intensiv damit auseinanderzusetzen, dass einem der Umgang im Alltag selbstverständlich wird. Oder zumindest jene in Ruhe zu lassen, die das tun.

Das ist das Grundproblem der Warnungsindustrie: Sie warnt an den Realitäten vorbei. Die meisten Jugendlichen verstehen einfach nicht, warum Spiele wie *Counter-Strike*, die millionenfach verbreitet sind, so schlecht beleumundet werden. Und was an einem Spiel wie den *Sims* gefährlich sein soll versteht sowieso niemand, der es einmal gespielt hat. Dass sie durch den Einsatz von Computern verblöden, empfinden Jugendliche selbst nicht, und es stimmt in den allermeisten Fällen auch nicht. Die Kinder nehmen die Kritik so wahr wie früher ihre Eltern oder Großeltern es wahrgenommen haben, als es hieß, der Rock'n'Roll würde die Jugend verderben. Es wirkt auf sie wie das Herumgeunke von unwissenden Alten, die ihnen nur den Spaß nicht gönnen wollen.

Wenn an einer Schule ein Kind von mehreren anderen Kindern übel verprügelt und diese Tat mit der Handykamera aufgenommen wird, um sich anschließend damit zu brüsten, ist das beängstigend. Nicht nur, dass die Hemmschwelle für Gewalt unter Jugendlichen sinkt und dass es inzwischen nicht mehr am Rande des Schulhofs passiert – sondern dass es als Angebertat durchgeht, einen anderen Menschen nicht nur zusammenzuschlagen, sondern ihn später durch das Herumzeigen des Videos weiter zu erniedrigen. So viele Dinge laufen da offenbar schief, dass man sich einfach nur elend fühlt, wenn man überhaupt anfängt darüber nachzudenken, was man diesen Kindern erklären soll. Zwei Tage später liest man in den kleinen Meldungen der Tageszeitungen, dass Handys an bayerischen Schulen verboten werden. Klar: Die Handys waren schuld. Und wieder geht ein großes »puh« durchs Land, ein Seufzer der Erleichterung. Aber wann immer Gewaltvideos, Computerspiele, Handyfilmchen oder der Kram, den sich jemand im Internet ansieht, für etwas verantwortlich gemacht werden, tritt man auf der Stelle. Ihnen wird Verantwortung zugeschoben von denen, die sie tragen müssten: von uns. Diese Verantwortung ist wie ein neuer Pulli, der kratzt. Wir fühlen uns unwohl, weil es noch keinen gesellschaftlichen Konsens dazu gibt, wie wir mit den neuen Medien umzugehen haben. Und deswegen wird erst mal »Verbot« gerufen, denn das kann ja auf keinen Fall schaden. Es ist wie zu Beginn des 20. Jahrhunderts, als die Automobile sich ausbreiteten. Am Anfang war Autofahren nur ein Hobby für reiche Spinner, eine motorisierte Kutsche. Als aber die Massenfertigung einsetzte und Autos mehr und mehr das Stadtbild prägten und unseren Begriff von Transport, Mobilität und Unabhängigkeit veränderten, mussten Regeln her, damit die vermeintlichen Risiken, die eine neue Entwicklung immer mit sich bringt, sich in Grenzen hielten. Regeln, Verkehrszeichen, Ampeln, Fahrerlaubnis – heute sind das alles Selbstverständlichkeiten. Wir haben uns sogar damit abgefunden, dass eine gewisse Menge an Unfällen das Opfer ist, das wir dafür bringen müssen, eine mobile Gesellschaft zu sein. Niemand würde deswegen auf die Idee kommen, Autos zu verbieten. Oder gar auf Krankenwagen und Polizeifahrzeuge verzichten zu wollen. Das ist keineswegs zynisch gemeint. Mit der Durchdringung unseres Alltags mit neuen Medien befinden wir uns jetzt etwa da, wo der Straßenverkehr damals war – jeder hat bereits eine Meinung dazu, aber es gibt noch keine klaren Regeln und es hat sich noch kein gesellschaftlicher Konsens gebildet. Der Umgang mit modernen Medien bedeutet nicht in erster Linie, zu lernen, wie alles funktioniert. Die Arbeit wird sein, uns selbst und den folgenden Generationen den Umgang mit ihnen beizubringen. Wie dieser Umgang aussehen wird, haben wir selbst in der Hand. Und wie fast jede Entwicklung lässt es sich auf eine gesellschaftlich anerkannte Metapher herunterbrechen: Fußball!

Ja, wirklich, Fußball. Bei keinem anderen Gesellschaftsereignis hat sich in jüngster Vergangenheit die Technik so unglaublich entwickelt. Während der Weltmeisterschaft 2006 wurde das überdeutlich: Die Kommentatoren redeten zum Teil nur noch Quatsch, weil sie dem Spielverlauf nicht mehr folgen konnten vor lauter Statistiken, die eine Datenbank ihnen auf den Bildschirm schickte und die sie ablesen mussten. Bei jedem Freistoß zeigte ein digital erzeugter Bannkreis an, ob die Gegner weit genug vom Ball entfernt standen. Jede strittige Szene konnte Sekunden später aus allen Winkeln und in allen Geschwindigkeiten nochmal gezeigt werden. Die ganze technische Entwicklung machte den Schiedsrichter zum einsamsten Menschen der Welt. Denn derjenige, der die Entscheidung zu treffen hatte, war zugleich am schlechtesten informiert. Auf all die technischen Mittel, die bei der Übertragung genutzt wurden, durfte der Schiedsrichter nicht zurückgreifen. Als Einziger von Abermillionen

Zuschauern verfügte er weder über Zeitlupe noch Wiederholung noch Computerauswertung – musste aber das Richtige tun. Dass man denjenigen in der Verantwortung hält, der am schlechtesten informiert ist, kann nur einen Grund haben: Wir wollen damit das Menschliche bewahren. Und das Menschliche zeigt sich in diesem Fall in Form des Fehlers. Der unberechenbare Faktor Mensch macht das Spiel spannend, denn wenn es nur darum ginge, einen Ball ins Tor zu befördern, könnten die Spieler ihn auch dorthin tragen und reinlegen.

Es geht also nicht um die Möglichkeiten, die wir haben, sondern um die Entscheidung, die wir treffen. Und erst wenn wir wissen, welchen Nutzen oder Schaden uns die neuen Entwicklungen bringen, können wir eine gute Entscheidung treffen. Wenn das nach allen Abwägungen bedeutet, dass wir auf eine einsame Insel auswandern und nur noch per Flaschenpost kommunizieren wollen – mit Vergnügen. Es gibt einige Tage im Jahr, da erscheint mir das sehr verlockend. An sehr viel mehr Tagen genieße ich allerdings die genau gegenteiligen Vorteile. Wenn ich länger unterwegs bin, in Vollausstattung, schließt das meinen tragbaren Computer mit W-Lan-Karte, mein Handy mit eingebauter Kamera, einen Mini-Disc-Player für Interviews und einen MP3-Player mit ein. Mein gesamter Arbeitsplatz und meine Lieblingsmusik passen in eine kleine Sporttasche und lassen noch Platz für ein Buch, frische Klamotten und Waschzeug. Ich bin gerne unterwegs, Reisen bedeutet mir viel. Dass ich mobil bin, ohne gleich Urlaub machen zu müssen und ohne mir eine einsame Insel leisten zu können, ist der technischen Entwicklung zu danken. Wo auch immer ich bin wenn es im weitesten Sinn Zivilisation ist, kann ich arbeiten und Kontakt mit dem Rest der Welt halten. Bedeutet das nun, dass ich gefesselt bin an die kleinen, digitalen, silberglänzenden Begleiter, die ich immer dabei habe? Oder befreien sie mich von den Zwängen, an einem Ort bleiben zu müssen? Beides, Sie haben Recht. Persönlich empfinde ich es als Bereicherung. Das heißt nicht, dass es nur und ausschließlich eine Bereicherung ist.

Folgendes Beispiel erklärt dies sehr gut: Durch die jahrelange Arbeit mit dem Computer schreibe ich immer weniger mit der Hand. Die Folge davon ist, dass meine Handschrift immer schlechter wird. Das ist schade, denn ich hatte mal eine recht schöne Schrift – nun kann ich sie manchmal selbst kaum noch lesen, wenn ich hastig etwas notiert habe. Ich habe also etwas verloren durch meine Arbeit mit dem Computer, nämlich meine ordentliche Handschrift. Das ist ärgerlich und auch ein bisschen traurig. Es steht aber in keinem Verhältnis zu dem, was ich gewonnen habe. Denn das, was ich auf dem Computer schreibe, kann ich Sekunden später um die Welt schicken, auch an mehrere Empfänger gleichzeitig. Ich kann es speichern, kopieren, weiterbearbeiten, mit einem Suchbefehl wiederfinden, wenn ich es in meinem Computer verlegt habe. Ich habe also deutlich mehr gewonnen, als ich verloren habe. Was nicht heißt, dass ich nur und ausschließlich gewonnen habe.

Moderne Medien haben einen schlechten Ruf. Das betrifft vor allem das Fernsehen als anerkannte Verblödungsmaschine, das sich in Deutschland gerade rasant zum Unterschichtenmedium entwickelt, wobei ich nochmal darauf hinweisen möchte, dass fernsehen nicht blöd macht, sondern höchstens blöd gemacht wird. Doch das größte Ärgernis an der Medienfeindlichkeit ist nicht, dass sie den Medien vorwirft, sie verblödeten, sondern dass sie davon ausgehen, man habe es mit bereits dummen Menschen zu tun. Als müsse man die Menschen vor jeder technischen Entwicklung schützen, weil sie nicht in der Lage seien, selbst zu entscheiden was gut für sie ist. Selten wird eine Skala der Möglichkeiten beschrieben, die eine neue Entwicklung mit sich bringt. Videorekorder haben wie bereits beschrieben mitnichten die Kinos verdrängt, sondern Filmliebhaber die zusätzliche Möglichkeit eröffnet, ihre Lieblingswerke sehen zu können, wann immer sie wollen. DVD-Player, die Videorekorder nach Jahrzehnten – aber dann in Rekordgeschwindigkeit abgelöst haben, haben noch etwas addiert: Nun kann man Schnipsel sehen, die beim Schneiden des Films weggefallen sind. Man kann sich ein

Bild von der Arbeit am Film machen, die Geschichte hinter dem Werk kennen lernen. Kulturell betrachtet ist das ein Gewinn.

Wir können uns als Opfer von Technisierung sehen, das entbindet uns aber nicht von der Aufgabe, Gestalter des eigenen Alltags zu werden. Das Handy-Geklingel, das »Ping« aus den Tiefen des Netzes, wenn eine Mail ankommt, das andauernde Lernen, das »Nie-abgeschlossen-Haben« mit einer Sache, weil es immer noch einen neuen Aspekt zu erfahren gibt – das alles mag uns mitunter als Belästigung erscheinen. Gleichzeitig ist es aber auch ein Riesenspaß.

Ein durchschnittlich neugieriger Mensch müsste beinahe durchdrehen, wenn er sich auf das lineare Angebot der Fernsehsender verlässt, um seine Freizeit zu gestalten. Mit einem Festplattenrekorder wird er selbst zum Programmchef. Wer sich mithilfe des Internets weiterbildet, wird merken, dass dort auch eine Menge Unfug steht und dass es keinen Spaß macht, nachts im Bett mit einem Kissen im Nacken im Internet zu lesen. Also bestellt man sich ein Buch dazu. Und wer gerne Computer spielt, wird bald feststellen, dass es mehr Spaß macht, ein paar Tage hintereinander mehrere Stunden zu spielen, und auch schneller vorbeigeht, als täglich nur eine halbe Stunde zu daddeln. Und den Rest der Zeit für etwas anderes nutzen. All das lernen wir, wenn wir uns mit modernen Medien befassen. Das Beste daran: wir lernen es nebenbei. Wir brauchen keinen Kurs und keinen Lehrer. Das Meiste erschließt sich von allein, wenn wir nur Interesse mitbringen.

Als meine Mutter sich vor sechs Jahren ihren ersten Computer kaufte, brauchte sie noch viel Betreuung am Telefon, auch wenn es nur darum ging, wie sie einen Text abspeichern konnte. Inzwischen mailt sie mir interessante Artikel, wenn sie beim Surfen im Internet über etwas gestolpert ist, das mich betreffen könnte. Die Neugier hat meine Mutter in die Gegenwart gezogen.

Ich weiß noch genau, wie stolz ich war, als ich meine erste Stereoanlage beisammen hatte. Sie bestand aus verschiedenen Komponenten: Verstärker, Plattenspieler, Kassettendeck. Das Kassettendeck hatte noch zwei Lautstärkezeiger, sogenannte »VU-Meter«, wenn ich etwas abspielte, zuckten sie in der Stärke des Ausschlags wie Taktstöcke. Der Verstärker hingegen glimmte schon grün, wenn er nur angeschaltet war. Es leuchtete von Übermorgen herein. Gerade bin ich durch meine Wohnung gegangen und habe dreizehn elektrische Geräte gezählt, die alle in unterschiedlichen Farben darauf hinweisen, dass sie im Standby-Modus sind. Das Glimmen ist zu einer Permanenz geworden. Wenn ich einen Tag in meinem Arbeitszimmer verbringe, das ich beharrlich »Büro« nenne, obwohl es weder Kollegen gibt, die »Mahlzeit« rufen, wenn sie in die Mittagspause gehen, noch Zierpflanzen, die in Töpfen mit kleinen, braunen Bröckchen stecken, fühle ich mich manchmal sehr durchkommuniziert. Es kommt häufig vor, dass ich stundenlang maile, chatte, etwas im Internet suche, etwas nachschlage, telefoniere, einen Artikel lese, in dem wir was aufgefallen war – und das alles mehr oder minder gleichzeitig. Und manchmal staune ich darüber, dass ich immer noch darüber staune, dass mich das alles ein wenig erschöpft. Selbst wenn am Ende eines solchen Tages kein konkretes Arbeitsergebnis – in meinem Fall also ein Text – vorliegt, fühle ich mich geschafft, vom Alles-auf-einmal-Machen. Freunde hören schon daran, wie ich mich am Telefon melde, dass ich mich in diesem Permanenz-Zustand befinde, und versuchen, möglichst schnell wieder aufzulegen. Ich höre mich dann angeblich an, als habe man die Fahrplanauskunft angerufen. Eine abschließende Meinung, wie gut oder schlecht das ist, habe ich leider noch nicht. Ich kann ja auch noch nicht abschließend sagen, wie ich mein Leben so finde mit Mitte dreißig.

Das Wichtigste, was ich im Umgang mit Fernsehen, Computerspielen, Internet und allem anderen gelernt habe: Entspanntheit. Nichts von dem, was einmal sehr heiß gekocht wurde, kam auch nur lauwarm auf den Tisch. Die Menschen sind nicht dümmer geworden durch Computer, nicht aggressiver durch Spiele. Fernsehen und Videospiele haben uns nicht einsamer gemacht. Meistens ist sogar das Gegenteil von dem eingetreten, was vorausgesagt wurde.

Auch gegenüber den Technikaposteln gilt es gelassen zu bleiben: Wenn eine neue technische Entwicklung angekündigt wird, als hätten ihre Entwickler gerade die Formel fürs Goldmachen entdeckt, versuche ich nicht gleich durchzudrehen, sondern prüfe erst mal meinen Kontostand, ob ich sie mir leisten möchte und kann. Die Anschaffung lohnt sich ja erst, wenn ein System sich durchgesetzt hat und auf ein Drittel seines ursprünglichen Preises gesunken ist. Die Käufer von Quadrophonie-Anlagen, Betamax-Videogeräten, DAT-Rekordern und Laserdisc-Abspielern wissen, was ich meine. Es bringt nichts, unter den ersten zu sein, wenn die ersten nur dazu benutzt werden, eine Technik im Markt zu testen. Und zu sehen, ob sie sich durchsetzt. Meinen ersten DVD-Player habe ich mir erst 2006 gekauft, für 69 Euro, eine tiptop Anschaffung, ohne Ländercode (wie die ersten Geräte), gute Technik, und wenn er kaputt ist, kann ich ihn getrost wegwerfen. Bei moderner Technik heißt es leider: Wer zuerst kommt, den bestraft das Leben.

Diese Entspanntheit ist die einzige Verhaltensregel, die ich ausgeben würde. Und die Erkenntnis, dass es sich lohnt, sich auszukennen, wenn man sich selbst besser fühlen möchte. Es ist wie bei einer Fremdsprache, bei der man sich so lange beobachtet und geprüft fühlt, solange man sie nur unzureichend spricht. Sobald man sie gut genug beherrscht, um Witze zu machen und Querverbindungen herzustellen, muss man sich nicht mehr darauf konzentrieren und der Weg ist frei für das, was wirklich zählt: die Inhalte.

»Danke«

… denen, die viel Zeit für die Entstehung dieses Buches geopfert haben:

Wolfgang Bergmann, Oliver Creutz, Stefan Niggemeier, Maria Pilar Rodriguez, Michaela Röll, Eva Sieburg, Sven Stillich

Und denen, die mich auf vielfältige Weise unterstützt haben:

Andreas Bernhard, Jana Buchholz, Johann Buchholz, Nadine Donat, Michael Ebert, Hanna Engelmeier, Peter Glaser, Kerstin Greiner, Jo Groebel, Moses Grohé, Katharina Großmann-Hensel, Pal-Janko Keuter, Ildikó von Kürthy, Sven Michaelsen, Nina Monath, Philipp Oehmke, Kerstin Peters, Iris Pfeifer, Dominik Sachsenheimer, Hilmar Schmundt, Alfred Steffen, Stephan Vorbrugg

Verflucht, ich habe bestimmt jemanden vergessen, aber so was findet man leider nicht über Google.

Werner Siefer, Christian Weber
ICH
Wie wir uns selbst erfinden
2006 · 307 Seiten
ISBN-13: 978-3-593-37676-9

Und wer ist jetzt Ich?

Erst unser Ich-Bewusstsein versetzt uns in die Lage, die Welt wahrzunehmen und in ihr zu handeln. Die Autoren stellen hier die neuesten wissenschaftlichen Erkenntnisse zur Bewusstseinsforschung vor und zeigen, wie jetzt ein völlig neues Bild des Menschen entsteht. Eines, das uns frei macht von biografischen Zwängen und uns ermöglicht, unser Ich zu wechseln, uns ständig zu wandeln.

»Kauft dieses Buch, es wird Euch ein Stück weiser machen!« *Die Zeit*

Gerne schicken wir Ihnen unsere aktuellen Prospekte:
vertrieb@campus.de · www.campus.de **campus**

Matthias Horx
WIE WIR LEBEN WERDEN
Unserer Zukunft beginnt jetzt
3. Auflage, 2006 · 397 Seiten
ISBN-13: 978-3-593-37777-3

Wer hätte das gedacht

Wie sieht unsere Zukunft aus? Werden wir klonen? Entsteht ein neues Proletariat? Werden wir alle Singles? Werden wir den Tod besiegen? Matthias Horx, der profilierteste Trendforscher Deutschlands, entwirft in konkreten Szenarien ein fundiertes Bild unseres Lebens in den nächsten Jahrzehnten.

»Ein leicht zu verstehendes und dennoch kluges Kompendium ... Wer es liest, lernt eine Menge und darf sich gleichzeitig ein wenig von den ansonsten so beliebten Weltuntergangs-Szenarien erholen. Mehr kann der Leser von einem seriösen Zukunftsforscher wohl kaum erwarten.« *Süddeutsche Zeitung*

Gerne schicken wir Ihnen unsere aktuellen Prospekte:
vertrieb@campus.de · www.campus.de

campus